RICARDO

La mijoteuse

Catalogage avant publication de Bibliothèque et Archives nationales du Québec et Bibliothèque et Archives Canada

Ricardo, 1967-
La mijoteuse: de la lasagne à la crème brûlée
Comprend un index.
ISBN 978-2-89705-052-8
1. Cuisson lente à l'électricité. 2. Livres de cuisine. I. Titre.

TX827.R52 2012 641.5'884 C2012-941807-2

Directrice de l'édition: Martine Pelletier
Éditrice déléguée: Brigitte Coutu
Auteur: Ricardo Larrivée
Directrice de création et artistique: Sonia Bluteau
Création culinaire: Kareen Grondin, Étienne Marquis
Standardisation des recettes: Nataly Simard, Danielle Bessette

Photographe: Christian Lacroix
Styliste culinaire: Anne Gagné
Styliste accessoires: Sylvain Riel
Graphiste-designer: Geneviève Larocque
Illustrateur: Rodolphe Thuaud
Assistant photo: Pierre-Alain Faubert
Collaborateurs aux textes: Louis-Philippe Rivard, David Rollins
Réviseure linguistique des recettes: Christine Dumazet
Photographie de Ricardo: Dominique Lafond

Dépôt légal - 4e trimestre 2012
ISBN 978-2-89705-052-8
Imprimé au Canada

Les Éditions La Presse
7, rue Saint-Jacques
Montréal (Québec) H2Y-1K9

PRÉSIDENTE
Caroline Jamet

L'éditeur bénéficie du soutien de la Société de développement des entreprises culturelles du Québec (SODEC) pour son programme d'édition et pour ses activités de promotion.

L'éditeur remercie le gouvernement du Québec de l'aide financière accordée à l'édition de cet ouvrage par l'entremise du Programme de crédit d'impôt pour l'édition de livres, administré par la SODEC.

L'éditeur reconnaît l'aide financière du gouvernement du Canada par l'entremise du Fonds du livre du Canada (FLC).

Tomber en amour

+++ J'ai longtemps boudé la mijoteuse. Je n'y trouvais rien d'intéressant. Ça m'inspirait autant que des recettes d'eau chaude. Je l'associais aux « matantes » des années 70 qui faisaient toujours la même recette brune. La mijoteuse était pour moi synonyme d'ennui et de « sans saveur ».

Et me voilà maintenant qui publie mon propre livre de recettes à la mijoteuse. Que s'est-il passé ? J'en suis vraiment rendu là ? Et quoi ensuite ? Mes meilleures recettes au grille-pain ?

Chaque année, en Amérique du Nord, il se vend plus de 6 millions de mijoteuses. Et comme je reçois toujours beaucoup de demandes de recettes cuites dans cet appareil, je me suis dit, ouvre-toi un peu l'esprit, mon vieux, et examine la chose de plus près.

Avec mon équipe, j'ai étudié la mijoteuse sous tous ses angles. Pendant un an, il y a eu en permanence quatre mijoteuses dans ma cuisine de développement. On a tout testé. J'ai compris les avantages de cette façon de cuisiner et découvert plein d'astuces.

Ça m'a fait penser au four à micro-ondes. Quand il est arrivé sur le marché, nous sommes tous devenus fous. C'était la révolution dans la cuisine. Nous n'aurions plus besoin du four conventionnel car tout pourrait se cuire au micro-ondes. Avec le temps, nous avons compris qu'il n'en serait rien et que certains aliments, comme la dinde de Noël, n'y trouveraient jamais leur compte. Mais personne n'a jeté son micro-ondes pour autant. Il nous est fort utile et nous fait économiser du temps. C'est un peu la même chose pour la mijoteuse.

Il est important pour moi que la cuisine à la mijoteuse soit aussi savoureuse et attrayante dans l'assiette que si elle avait été cuite au four. C'est pourquoi toutes les recettes que je vous offre dans ce livre sont des promesses de succès. Elles ont été maintes fois testées et la preuve est faite que la mijoteuse leur réussit très bien. +++

RICARDO

Le sommaire

La découvrir

DÉPOUSSIÉREZ VOTRE MIJOTEUSE

Votre mijoteuse date du temps de Woodstock ? Elle est loin d'être démodée, au contraire. Dépoussiérez-la et retirez le signe *Peace and love* collé dessus. Elle vous sera aussi utile qu'au premier jour. C'est peu connu, mais des rumeurs disent que John Lennon avait une mijoteuse sur la table de chevet lorsqu'il a fait son *bed-in* avec Yoko Ono à l'hôtel Reine Élizabeth en 1969 ! Sinon, comment croyez-vous qu'il aurait pu rester au lit aussi longtemps ? Faites votre propre *bed-in*, mijotez vos recettes les plus *in* et prélassez-vous au lit.

DES TESTS ET DES TESTS

Bien que certains livres affirment que tout est bon à la mijoteuse, je ne suis pas d'accord. Certains plats ne peuvent être réussis avec ce mode de cuisson. La même question me revenait toujours en tête pendant la préparation du livre: pourquoi je ferais cette recette à la mijoteuse ? Y a-t-il un avantage à le faire ?

Plusieurs tests n'ont pas été concluants, comme la cuisson du pain, des gâteaux, du risotto ou de la moussaka (trop d'étapes, pas de brunissement, trop humide, pas appétissant du tout). J'en suis venu à l'évidence que la mijoteuse est excellente pour les mijotés, les plats en sauce, pour attendrir les viandes coriaces et étonnamment, pour plusieurs desserts qui nécessitent une cuisson au bain-marie ou humide comme les crèmes caramel et les poudings.

Il nous est aussi arrivé de partir la cuisson d'une recette avant de nous coucher. Par exemple, des fèves au lard ou un jambon. Cœurs sensibles s'abstenir! Ce n'est pas toujours agréable de se faire réveiller par une odeur d'oignon. Je préfère encore l'odeur du bon café...

Parmi les anecdotes de nos essais de cuisson la nuit: une panne d'électricité et la fois où mon ado a débranché la mijoteuse pour brancher son iPod!

En cas de panne électrique ou de débranchement involontaire, il faut la plupart du temps jeter le contenu de la mijoteuse et recommencer. Si vous croyez que la panne ou le débranchement est récent, mesurez la température du contenu de votre mijoteuse avec un thermomètre. Si la température est supérieure à 60 °C (140 °F), vous pouvez transférer votre recette dans une casserole et poursuivre la cuisson au four. Évitez de repartir la cuisson à la mijoteuse. Ce pourrait être long et il y aurait alors risque de contamination.

PRATIQUE ELLE EST PARFAITE POUR LES GENS OCCUPÉS. PENDANT QUE VOUS ÊTES PRIS DANS UN BOUCHON DE CIRCULATION, EN SKI OU À LA PARTIE DE HOCKEY DU PETIT DERNIER, LA MIJOTEUSE S'OCCUPE DE VOTRE SOUPER. VOUS ENTREZ À LA MAISON ET L'ODEUR D'UN BON REPAS CHAUD VOUS ATTEND. QUAND VOUS ÊTES PRÊT, LE SOUPER EST PRÊT. UNE SOLUTION À LA CONCILIATION TRAVAIL-FAMILLE. **ÉCONOMIQUE** ELLE EST EXTRAORDINAIRE POUR ATTENDRIR LES COUPES DE VIANDE PLUS ÉCONOMIQUES ET PLUS CORIACES. APRÈS UNE LONGUE CUISSON, LA VIANDE FOND LITTÉRALEMENT EN BOUCHE. LES LÉGUMINEUSES ET LES LÉGUMES-RACINES, PEU COÛTEUX, CUISENT PARFAITEMENT À LA MIJOTEUSE. **SANTÉ** LA CUISSON À LA MIJOTEUSE EST GÉNÉRALEMENT SAINE PUISQU'ON RECOMMANDE D'UTILISER DES COUPES DE VIANDE PEU GRASSES ET DES VOLAILLES SANS LA PEAU. C'EST UN MODE DE CUISSON FACILE POUR CUIRE LES LÉGUMINEUSES. ET COMME L'AJOUT DE LÉGUMES EST SOUVENT PROPOSÉ, ON OBTIENT UN PLAT TOUT EN UN. **ÉCOLOGIQUE** ELLE UTILISE À PEU PRÈS LA MÊME QUANTITÉ D'ÉNERGIE QU'UNE AMPOULE DE 100 WATTS.

La connaître

Si l'on veut bien manger et ne faire absolument rien, il y a deux solutions : **aller au resto ou croire aux miracles!** La première solution n'est pas très réaliste et la deuxième, pas très fréquente. Entre les deux, il y a la mijoteuse. **Elle ne fera pas tout le travail à notre place, mais presque,** à condition que l'on démarre la cuisson de la bonne façon.

Le **secret des plats savoureux** : prendre le temps de dorer la viande et les légumes avant de les mettre dans la mijoteuse. Cette action de coloration, appelée réaction de Maillard, décuple les saveurs. Comme la cuisson à la mijoteuse ne favorise pas le brunissement des viandes, cette étape est indispensable dans presque toutes les recettes pour obtenir des plats délicieux, jamais ennuyants.

Le temps de **cuisson peut varier** d'une mijoteuse à l'autre selon sa puissance, la taille des ingrédients utilisés, la température des aliments, etc. Vous devez donc apprendre à utiliser votre mijoteuse et à adapter les recettes en fonction de sa puissance. Une mijoteuse qui cuit un peu plus vite ou un peu moins rapidement que la moyenne nécessite un ajustement du temps de cuisson, surtout dans le cas de certaines recettes comme les gâteaux-poudings, les brownies, le saumon vapeur et l'omelette. Plus on cuisine avec sa mijoteuse, meilleurs sont les résultats.

TEST Vous pouvez faire le test suivant pour connaître la puissance de votre mijoteuse. Remplissez-la d'eau aux trois quarts, mettez le couvercle et chauffez à basse température (*Low*) pendant 4 heures. La température de l'eau devrait alors se situer entre 90 et 95 °C (195 et 205 °F). Si elle dépasse cette température, vous saurez que votre mijoteuse cuit plus rapidement que la moyenne et vous pourrez ajuster le temps de cuisson suggéré en conséquence. Si, au contraire, elle est sous ces degrés, le temps de cuisson risque d'être plus long que ce qui est indiqué dans la recette.

5:40
LOW
WARM
HIGH

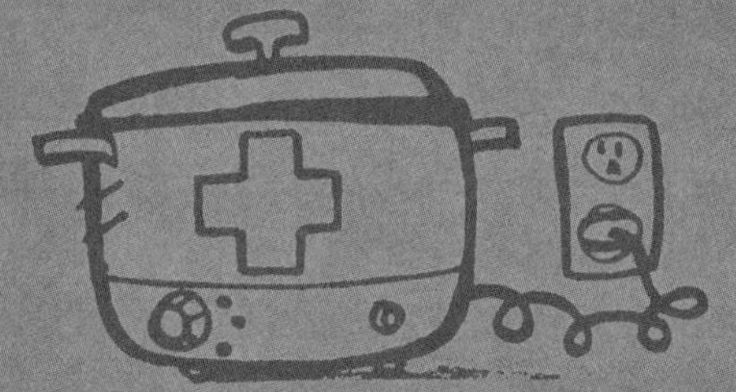

SÉCURITAIRE LA MIJOTEUSE NE REPRÉSENTE PAS UN DANGER POUR LE FEU ET NE CAUSE PAS DE PROBLÈME DE SALUBRITÉ ALIMENTAIRE. LA ZONE DE TEMPÉRATURE JUGÉE DANGEREUSE POUR LE DÉVELOPPEMENT DES BACTÉRIES SE SITUE ENTRE 4 ET 60 °C (40 ET 140 °F). OR LA MIJOTEUSE ATTEINT DES TEMPÉRATURES SUFFISAMMENT ÉLEVÉES POUR **DÉTRUIRE LES BACTÉRIES.** LORSQU'ELLE EST RÉGLÉE À BASSE TEMPÉRATURE (*LOW*), LA TEMPÉRATURE DE LA NOURRITURE ATTEINT ENVIRON 90 °C (200 °F) SOIT JUSTE EN DESSOUS DU POINT D'ÉBULLITION DE L'EAU. MÊME EN MODE «RÉCHAUD» (*WARM*) LA TEMPÉRATURE À L'INTÉRIEUR DE LA MIJOTEUSE EST **AU-DESSUS DE LA ZONE DE DANGER,** SE SITUANT ENVIRON À 74 °C (165 °F). IL FAUT ÉVITER DE RETIRER LE COUVERCLE TROP SOUVENT, SURTOUT EN MODE DE CUISSON LENTE, CAR UNE QUANTITÉ IMPORTANTE DE CHALEUR EST PERDUE CHAQUE FOIS ET LA MIJOTEUSE PEUT PRENDRE JUSQU'À UNE VINGTAINE DE MINUTES POUR LA RÉCUPÉRER COMPLÈTEMENT.

5 choses

À SAVOIR AVANT DE CUISINER

1. Toutes les recettes du livre ont été mises au point dans des mijoteuses ovales de 6 *quarts* (5,6 litres).

2. Le réglage de la mijoteuse peut se faire à basse température (*Low*) ou à haute température (*High*), qui permet une cuisson deux fois plus rapide. Retenez donc que 1 heure de cuisson à réglage élevé (*High*) équivaut à environ 2 heures à cuisson basse (*Low*). La température de l'appareil varie de 90 °C/200 °F (*Low*) à 150 °C/300 °F (*High*).

3. Pour la plupart des recettes, sauf les desserts, on obtient de meilleurs résultats en cuisant à basse température (*Low*). Si vous désirez utiliser le réglage élevé (*High*) pour gagner du temps, vous pouvez le faire, mais le résultat pourra différer.

4. Chaque recette cuite à la mijoteuse est accompagnée d'une pastille qui indique si elle peut passer en mode réchaud (*Warm*). Maintenir les plats cuisinés au chaud longtemps peut faire changer la texture, le goût et l'apparence du plat.

5. Les éléments chauffants sont situés sur le pourtour de l'appareil et non au fond. Donc, pas besoin de brasser durant la cuisson car les aliments ne peuvent coller au fond de la mijoteuse.

Lundi
mardi
merc.
Jeudi
Vend.
Samedi
Dim.

la mijoteuse *de tous les jours*

Il faut avouer que lorsque nous étions enfants, c'était vraiment agréable de rentrer à la maison après une journée d'école, et d'être enveloppés de l'odeur du souper que notre mère avait pris une partie de la journée à préparer. Aujourd'hui, avec les deux parents qui travaillent, c'est quelque chose qui se produit beaucoup plus rarement. Eh bien, la mijoteuse peut faire office de machine à voyager dans le temps en offrant aux jeunes du 21e siècle une expérience similaire. Mettez vos ingrédients dans la mijoteuse le matin, puis le soir, l'odeur d'un bon souper familial les accueille comme dans les années 70. Tout ce qui manque, c'est que la mijoteuse leur dise: «Les enfants, fermez la télé et faites vos devoirs!»

recettes pour gens occupés

RECETTE P030

poulet à l'ananas

WARM OUI

POULET À L'ANANAS

Préparation 25 MINUTES ***Cuisson*** 4 H 30 ***Portions*** 4 À 6 ***Se congèle***

La mijoteuse permet très peu d'évaporation. Donc pas besoin de beaucoup de liquide. Certaines recettes, comme celle-ci, semblent à première vue manquer de liquide, mais la vapeur se condense sous le couvercle et retombe dans la mijoteuse pour produire la sauce. Le relâchement du jus de l'ananas assure également une belle sauce en fin de cuisson.

Sauce
15 ml (1 c. à soupe) de fécule de maïs
60 ml (1/4 tasse) de bouillon de poulet
30 ml (2 c. à soupe) de ketchup
30 ml (2 c. à soupe) de sauce soya
30 ml (2 c. à soupe) de vinaigre de riz
30 ml (2 c. à soupe) de cassonade
30 ml (2 c. à soupe) de confiture d'ananas ou d'abricots

Poulet
1 kg (2 lb) de hauts de cuisses de poulet désossés sans la peau, coupés en deux morceaux chacun
30 ml (2 c. à soupe) d'huile d'olive
500 ml (2 tasses) d'ananas frais coupé en petits morceaux d'environ 1 cm (1/2 po) d'épaisseur
4 oignons verts, émincés (blanc et vert séparés)
15 ml (1 c. à soupe) de gingembre frais, haché finement
2 gousses d'ail, hachées
1 poivron rouge, épépiné et coupé en dés
250 ml (1 tasse) de pois sucrés coupés en trois tronçons
Sel et poivre

1 POUR LA SAUCE Dans un bol, délayer la fécule dans le bouillon. Ajouter le reste des ingrédients et bien mélanger. Réserver.

2 POUR LE POULET Dans une grande poêle à feu vif, dorer le poulet, une petite quantité à la fois, dans l'huile. Saler et poivrer. Transvider le poulet dans la mijoteuse au fur et à mesure.

3 Dans la même poêle, dorer l'ananas et le blanc des oignons verts avec le gingembre. Ajouter de l'huile au besoin. Ajouter l'ail et poursuivre la cuisson 1 minute. Déglacer avec la sauce et laisser mijoter 1 minute. Verser sur le poulet. Couvrir et cuire à basse température (*Low*) 4 heures.

4 Ajouter le poivron, les pois sucrés et le vert des oignons. Bien mélanger. Poursuivre la cuisson, à couvert, environ 30 minutes à basse température (*Low*). Si le poulet est en mode réchaud (*Warm*), s'assurer de régler la mijoteuse à température élevée (*High*) avant d'ajouter les légumes. Calculer alors environ 45 minutes pour leur cuisson. Rectifier l'assaisonnement.

5 Servir avec du riz. Ne pas trop remuer le poulet lorsqu'il est cuit, car il a tendance à s'effilocher.

POULET ENTIER ET BOUILLON DE POULET

Préparation 15 MINUTES *Cuisson* 8 HEURES *Rendement bouillon* 2,5 LITRES (10 TASSES)
Rendement poulet cuit 1,25 LITRE (5 TASSES) *Se congèle*

Ici la formule est gagnante: deux en un. Ce qui mijote aujourd'hui sert pour le souper et nous donne une longueur d'avance pour celui du lendemain: un bon bouillon maison pour une soupe ou un risotto, par exemple.

2 carottes, pelées et coupées en tronçons
2 branches de céleri, coupées en tronçons
1 oignon, pelé et coupé en quartiers
1 clou de girofle
2,5 ml (1/2 c. à thé) de grains de poivre
2 feuilles de laurier
1 poulet d'environ 1,6 kg (3 1/2 lb), sans la peau
Eau
Sel

1 Dans le récipient de la mijoteuse, répartir les légumes et les épices. Y déposer le poulet et couvrir d'eau froide jusqu'à 5 cm (2 po) du rebord de la mijoteuse.
Saler légèrement. Couvrir et cuire à basse température (*Low*) 8 heures.
2 Retirer le poulet de la mijoteuse et laisser tiédir sur une assiette avant de le désosser. Passer le bouillon au tamis.
3 Le poulet et le bouillon se conservent au réfrigérateur 3 à 4 jours et environ 6 mois au congélateur.

poulet entier

bouillon de poulet

RECETTE P031

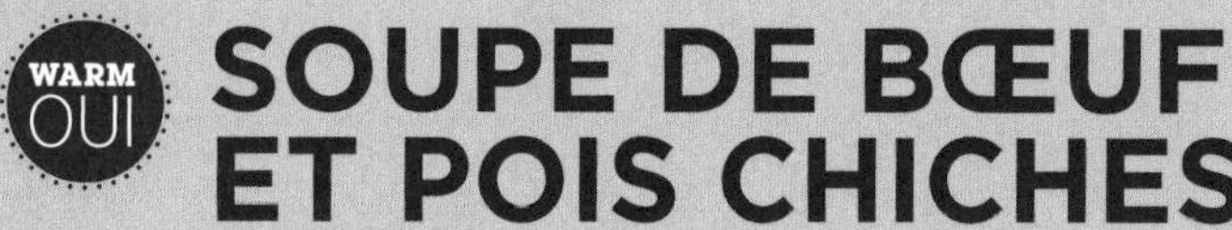

SOUPE DE BŒUF ET POIS CHICHES

Préparation 25 MINUTES ***Trempage*** 8 HEURES ***Cuisson*** 6 HEURES
Portions 6 ***Se congèle***

Lorsque l'horaire de la famille ressemble davantage à celui de la NASA, Houston, on a un problème... La mijoteuse est une bonne façon de renouer avec les plats faits maison, sans avoir à rester au fourneau toute la journée. Une solution à la conciliation travail-famille, peut-être?

375 ml (1 1/2 tasse) de pois chiches secs
Eau de trempage
454 g (1 lb) de bœuf à ragoût ou de rôti de palette, coupé en dés
30 ml (2 c. à soupe) de beurre
2 oignons, émincés
3 gousses d'ail, hachées finement
1,5 litre (6 tasses) de bouillon de bœuf ou de poulet
15 ml (1 c. à soupe) de pâte de tomates
15 ml (1 c. à soupe) de sauce soya
10 ml (2 c. à thé) de harissa
1 litre (4 tasses) de bébés épinards bien tassés
Sel et poivre

1 Placer les pois chiches dans un grand bol. Couvrir d'eau et faire tremper pendant une nuit à la température ambiante. Ajouter de l'eau au besoin afin que les haricots soient toujours bien couverts. Rincer et égoutter.

2 Dans une grande poêle, dorer la viande dans le beurre. Saler et poivrer. Transvider dans la mijoteuse.

3 Dans la même poêle, dorer les oignons. Ajouter du beurre au besoin. Ajouter l'ail et poursuivre la cuisson 1 minute. Transvider dans la mijoteuse et ajouter le reste des ingrédients à l'exception des épinards. Bien mélanger. Saler et poivrer.

4 Couvrir et cuire à basse température (*Low*) 6 heures ou jusqu'à ce que les pois chiches soient tendres. Ajouter du bouillon au besoin. Ajouter les épinards 5 minutes avant de servir. Rectifier l'assaisonnement.

BŒUF STROGANOV

Préparation 30 MINUTES ***Cuisson*** 4 HEURES ***Portions*** 4 ***Se congèle***

Si vous prévoyez faire des lunchs avec les restes de bœuf Stroganov, ajoutez le yogourt seulement à la portion que vous mangez lors du repas. Le lendemain, réchauffez la viande et ajoutez le yogourt nature au dernier moment pour éviter que la sauce ne se sépare.

45 ml (3 c. à soupe) de farine tout usage
675 g (1 1/2 lb) de surlonge de bœuf, coupée en lanières
45 ml (3 c. à soupe) d'huile d'olive
2 oignons, émincés
454 g (1 lb) de champignons blancs, tranchés
45 ml (3 c. à soupe) de beurre
3 gousses d'ail, hachées
125 ml (1/2 tasse) de vin rouge
250 ml (1 tasse) de bouillon de bœuf
15 ml (1 c. à soupe) de moutarde à l'ancienne
2,5 ml (1/2 c. à thé) de paprika
180 ml (3/4 tasse) de yogourt nature 10 %
Persil plat, ciselé
Ciboulette fraîche, ciselée
Sel et poivre

1 Dans un bol, fariner la viande.
2 Dans une grande poêle à feu vif, dorer la viande, une petite quantité à la fois, dans l'huile. Saler et poivrer. Transvider la viande dans la mijoteuse au fur et à mesure.
3 Dans la même poêle, dorer les oignons et les champignons dans le beurre. Saler et poivrer. Ajouter l'ail et poursuivre la cuisson 1 minute. Déglacer avec le vin et transvider dans la mijoteuse. Ajouter le reste des ingrédients à l'exception du yogourt et des herbes. Bien mélanger.
4 Couvrir et cuire à basse température (*Low*) 4 heures.
5 Au moment de servir, ajouter le yogourt et rectifier l'assaisonnement. Déposer sur des nouilles aux œufs et parsemer d'herbes.

LASAGNE

Préparation 30 MINUTES ***Cuisson*** 4 HEURES ***Portions*** 6

Cette lasagne entièrement cuite à la mijoteuse est vraiment devenue un classique chez nous. Et ne soyez pas sceptique par rapport à l'utilisation de pâtes crues. Vous verrez, ça fonctionne. Attention: ne les remplacez pas par des lasagnes précuites.

454 g (1 lb) de chair de saucisses italiennes douces ou épicées (environ 4)
1 grosse carotte, pelée et râpée finement
1 branche de céleri, hachée finement
115 g (4 oz) de champignons blancs, hachés finement
2 gousses d'ail, hachées finement
1 litre (4 tasses) de sauce tomate maison ou du commerce
12 feuilles de lasagne non cuites, environ
250 ml (1 tasse) de fromage *parmigiano reggiano* râpé
1 contenant de 475 g de fromage ricotta
375 ml (1 1/2 tasse) de fromage mozzarella râpé
Sel et poivre

1 Dans un bol, mélanger la viande, la carotte, le céleri, les champignons et l'ail. Saler et poivrer. Réserver.

2 Répartir 125 ml (1/2 tasse) de sauce tomate au fond de la mijoteuse. Couvrir d'un rang de pâtes. Ne pas hésiter à les casser au besoin.

3 Y répartir un tiers du mélange de viande. Couvrir avec 250 ml (1 tasse) de sauce tomate et parsemer avec 75 ml (1/3 tasse) de parmesan. Couvrir d'un rang de pâtes et ajouter le fromage ricotta.

4 Poursuivre avec un rang de pâtes. Y répartir un tiers du mélange de viande. Couvrir avec 250 ml (1 tasse) de sauce tomate et parsemer avec 75 ml (1/3 tasse) de parmesan.

5 Couvrir de pâtes et répéter avec le reste de la viande, 250 ml (1 tasse) de sauce tomate et le parmesan. Terminer avec le reste de la sauce et parsemer de fromage mozzarella.

6 Couvrir et cuire à basse température (*Low*) 4 heures. Selon le type de mijoteuse, le temps de cuisson peut varier. Lorsque les pâtes sont tendres à la pointe d'un couteau, la lasagne est prête. Il n'est pas conseillé de garder sur réchaud (*Warm*) après la cuisson, car les pâtes deviennent alors beaucoup trop molles.

CARBONADE FLAMANDE

Préparation 25 MINUTES ***Cuisson*** 5 HEURES ***Portions*** 4
Se congèle

Depuis longtemps, la carbonade flamande est un de mes mijotés préférés. Avec une purée de pommes de terre ou de chou-fleur, j'adore.

1 kg (2 lb) de steak de flanc, coupé en 4 morceaux
30 ml (2 c. à soupe) d'huile d'olive
4 gros oignons, émincés
30 ml (2 c. à soupe) de beurre
30 ml (2 c. à soupe) de farine tout usage
1 bouteille de 341 ml de bière rousse, brune ou noire
125 ml (1/2 tasse) de bouillon de poulet
30 ml (2 c. à soupe) de cassonade
30 ml (2 c. à soupe) de vinaigre balsamique
15 ml (1 c. à soupe) de moutarde de Dijon
Sel et poivre

1 Dans une grande poêle, dorer la viande dans l'huile. Saler et poivrer. Transvider dans la mijoteuse. Réserver.
2 Dans la même poêle, dorer les oignons dans le beurre. Saler et poivrer. Saupoudrer de farine et bien mélanger. Ajouter la bière et porter à ébullition en remuant. Transvider dans la mijoteuse et ajouter le reste des ingrédients. Bien mélanger.
3 Couvrir et cuire à basse température (*Low*) 5 heures. Rectifier l'assaisonnement.
4 Servir avec une purée de pommes de terre.

CHOU « FARCI » ÉTAGÉ

WARM MAXIMUM 2 HEURES

Préparation 20 MINUTES ***Cuisson*** 4 HEURES ***Portions*** 4

Pour toute la saveur des cigares au chou sans avoir à les rouler. On n'a rien oublié : le chou, le bœuf, le riz et les tomates.

350 g (3/4 lb) de chair de saucisses de Toulouse
350 g (3/4 lb) de bœuf haché
1 gros oignon, haché finement
3 gousses d'ail, hachées finement
10 ml (2 c. à thé) de moutarde sèche
5 ml (1 c. à thé) de sel de céleri
5 ml (1 c. à thé) d'origan séché
125 ml (1/2 tasse) de riz à grains longs étuvé, non cuit
1 boîte de 796 ml (28 oz) de tomates en dés
2 litres (8 tasses) de chou vert émincé
180 ml (3/4 tasse) de bouillon de poulet
Sel et poivre

1 Dans un bol, mélanger la chair de saucisses, le bœuf haché, l'oignon, l'ail et les épices. Saler et poivrer.
2 Émietter la moitié du mélange de viande dans la mijoteuse. Y répartir la moitié du riz et ajouter le tiers des tomates. Couvrir avec la moitié du chou et presser légèrement. Saler et poivrer.
3 Poursuivre ainsi avec le reste de la viande et du riz. Ajouter le tiers des tomates et couvrir avec le reste du chou. Presser légèrement. Saler et poivrer. Y répartir le reste des tomates et arroser de bouillon. Couvrir et cuire à basse température (*Low*) 4 heures.

SAUCE BOLOGNAISE

Préparation 25 MINUTES *Cuisson* 8 HEURES *Rendement* 2 LITRES (8 TASSES)
Se congèle

Pendant la cuisson, l'évaporation permet de concentrer les saveurs. Comme il y a très peu d'évaporation avec la mijoteuse, on doit ajouter des ingrédients forts en saveurs pour obtenir un bon résultat, comme la pâte de tomates. Dans d'autres recettes, la sauce soya est un ingrédient-clé pour rehausser le goût. En plus, pour la sauce bolognaise, il est important de faire revenir la viande dans la poêle avant de la mettre dans la mijoteuse. Pas de raccourci. C'est primordial.

115 g (1/4 lb) de pancetta, hachée finement
1 kg (2 lb) d'un mélange de viande hachée (veau, porc et bœuf)
30 ml (2 c. à soupe) d'huile d'olive
2 oignons, hachés finement
2 carottes, pelées et râpées
2 branches de céleri, hachées finement
3 gousses d'ail, hachées finement
125 ml (1/2 tasse) de vin blanc ou rouge
1 boîte de 796 ml (28 oz) de tomates broyées
180 ml (3/4 tasse) de bouillon de poulet
180 ml (3/4 tasse) de lait ou de crème 35 %
1 boîte de 156 ml (5 oz) de pâte de tomates
2 feuilles de laurier
Sel et poivre

1 Dans une grande poêle, dorer la pancetta et la viande dans l'huile en l'émiettant. Saler et poivrer. Transvider dans la mijoteuse.
2 Dans la même poêle, dorer les oignons, les carottes, le céleri et l'ail. Saler et poivrer. Ajouter de l'huile au besoin. Déglacer avec le vin et laisser réduire 1 minute. Transvider dans la mijoteuse.
3 Ajouter le reste des ingrédients et bien mélanger. Couvrir et cuire à basse température (*Low*) 8 heures. Retirer le laurier et rectifier l'assaisonnement. Laisser tiédir et remuer pour que l'eau à la surface s'incorpore à la sauce.
4 Servir sur des pâtes et parsemer généreusement de copeaux de parmesan.

tajine de poulet
aux dattes et au citron

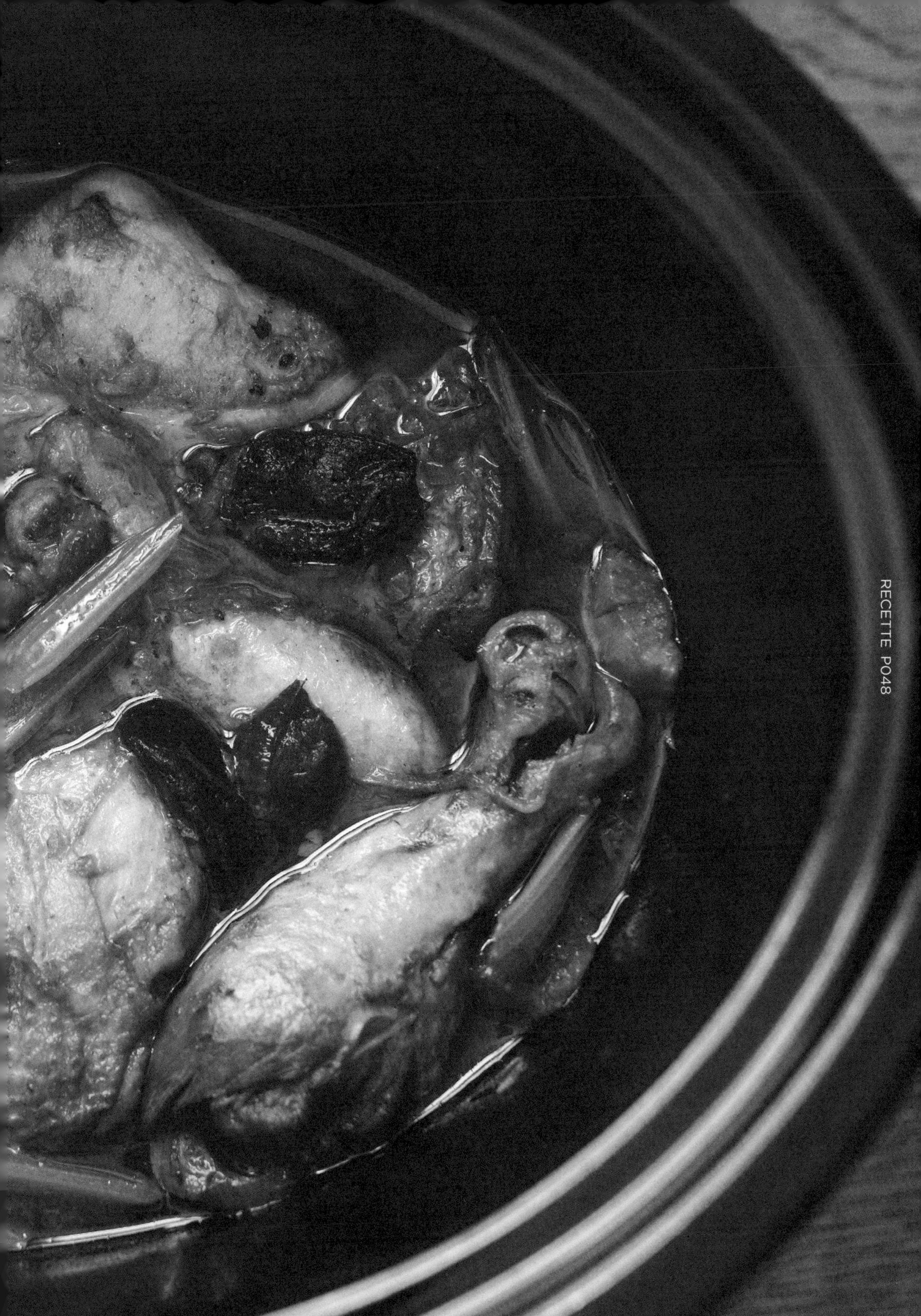

RECETTE P048

TAJINE DE POULET AUX DATTES ET AU CITRON

Préparation 30 MINUTES *Cuisson* 4 HEURES *Portions* 6 *Se congèle*

Le principe de la cuisson dans un tajine ressemble beaucoup à celui de la mijoteuse: on cuit doucement, sans trop de matières grasses et la vapeur monte et retombe dans le plat pour produire la sauce.

1 poulet d'environ 1,4 kg (3 lb), coupé en 8 morceaux
(ou 4 hauts de cuisses avec os et 4 pilons)
60 ml (1/4 tasse) d'huile d'olive
1 oignon, émincé
2 gousses d'ail, hachées
5 ml (1 c. à thé) de coriandre moulue
2,5 ml (1/2 c. à thé) de cumin moulu
2,5 ml (1/2 c. à thé) de gingembre moulu
2,5 ml (1/2 c. à thé) de curcuma moulu
250 ml (1 tasse) de bouillon de poulet
1 patate douce, pelée et coupée en gros cubes
2 branches de céleri, coupées à la diagonale
2 tomates, coupées en quartiers
6 dattes de type medjool, dénoyautées et coupées en quartiers
1 citron confit, la peau coupée en brunoise (ou la pelure de 1/4 de citron bien lavé)
30 ml (2 c. à soupe) de persil frisé ciselé
30 ml (2 c. à soupe) de coriandre fraîche ciselée
Sel et poivre

1 Dans une grande poêle, dorer le poulet dans la moitié de l'huile. Saler et poivrer. Transvider dans la mijoteuse.
2 Dans la même poêle, dorer l'oignon dans le reste de l'huile. Saler et poivrer. Ajouter l'ail, les épices et cuire 1 minute. Ajouter le bouillon et porter à ébullition. Transvider dans la mijoteuse et ajouter le reste des ingrédients, sauf les herbes.
3 Couvrir et cuire à basse température (*Low*) 4 heures. Ajouter les herbes et rectifier l'assaisonnement.
4 Servir avec du couscous.

CHILI DE PORC

Préparation 30 MINUTES ***Trempage*** 8 HEURES ***Cuisson*** 8 HEURES
Portions 4 À 6 ***Se congèle***

Le chili est parfait pour la cuisson à la mijoteuse. Vous pouvez facilement adapter votre recette de chili à ce type de cuisson en suivant la méthodologie et les proportions de liquide de cette recette.

250 ml (1 tasse) de haricots rouges secs
Eau de trempage
454 g (1 lb) d'épaule de porc désossée et sans couenne, coupée en cubes de 1 po (2,5 cm)
30 ml (2 c. à soupe) d'huile d'olive
350 g (3/4 lb) de bœuf haché maigre
1 gros oignon, haché finement
1 piment jalapeño, épépiné et haché finement
2 gousses d'ail, hachées finement
30 ml (2 c. à soupe) de poudre de chili
15 ml (1 c. à soupe) de poudre de cacao
15 ml (1 c. à soupe) de paprika
1 ml (1/4 c. à thé) de cumin moulu
1 ml (1/4 c. à thé) de poivre de Cayenne
1 boîte de 796 ml (28 oz) de tomates en dés
250 ml (1 tasse) de bouillon de poulet
Sel et poivre

1 Placer les haricots dans un bol. Couvrir d'eau et faire tremper pendant une nuit à la température ambiante. Ajouter de l'eau au besoin afin que les haricots soient toujours bien couverts. Rincer et égoutter.
2 Dans une grande poêle, dorer le porc dans l'huile, la moitié à la fois. Saler et poivrer. Transvider dans la mijoteuse.
3 Dans la même poêle, dorer le bœuf haché. Ajouter de l'huile au besoin. Saler et poivrer. Transvider dans la mijoteuse.
4 Dans la même poêle, faire revenir l'oignon, le piment et l'ail avec les épices environ 3 minutes. Ajouter de l'huile au besoin. Transvider dans la mijoteuse et ajouter le reste des ingrédients. Couvrir et cuire à basse température (*Low*) 8 heures. Rectifier l'assaisonnement et ajouter du poivre de Cayenne au goût.
5 Servir sur du riz, avec des croustilles de maïs ou comme farce d'une pomme de terre au four.

RECETTE P052

pain de viande

WARM OUI

PAIN DE VIANDE

Préparation 30 MINUTES ***Cuisson*** 5 HEURES ***Portions*** 4 À 6 ***Se congèle***

Ma belle-mère a toujours fait son pain de viande au four, comme la plupart d'entre nous d'ailleurs. Mais on s'est demandé : pourquoi ne pas l'essayer à la mijoteuse ? On a été agréablement surpris du résultat. Ne manque plus que la purée de pommes de terre à faire en rentrant.

Sauce

125 ml (1/2 tasse) de ketchup
1 oignon, haché grossièrement
1 gousse d'ail, hachée grossièrement
15 ml (1 c. à soupe) de sauce Worcestershire
Sel et poivre

Pain de viande

350 g (3/4 lb) de porc haché
350 g (3/4 lb) de bœuf haché
20 craquelins salés, émiettés (de type biscuit soda)
2 œufs
15 ml (1 c. à soupe) de sauce Worcestershire
10 ml (2 c. à thé) de poudre de chili
5 ml (1 c. à thé) de moutarde sèche
1 ml (1/4 c. à thé) de poudre d'ail
250 ml (1 tasse) de bouillon de poulet

1 POUR LA SAUCE Au mélangeur, réduire tous les ingrédients en purée lisse. Saler et poivrer. Réserver.

2 POUR LE PAIN DE VIANDE Dans un bol, mélanger tous les ingrédients à l'exception du bouillon. Poivrer.

3 Avec les mains, façonner le mélange de viande en un pain d'environ 25 X 8 cm (10 X 3 po) et le déposer au fond de la mijoteuse. Verser le bouillon tout autour du pain de viande. Verser la sauce sur le pain de viande. Couvrir et cuire à basse température (*Low*) 5 heures ou jusqu'à ce qu'un thermomètre inséré au centre du pain de viande indique 70 °C (160 °F).

4 Servir en tranches avec une purée de pommes de terre et des légumes verts.

GOULASH

Préparation 30 MINUTES ***Cuisson*** 6 HEURES ***Portions*** 6 ***Se congèle***

Les coupes économiques font des merveilles à la mijoteuse, comme le rôti de palette dans cette goulash. À 3,10 $ la portion, c'est moins cher que manger au resto.

1 kg (2 lb) de rôti de palette de bœuf désossé, coupé en gros cubes
45 ml (3 c. à soupe) de beurre
3 oignons, coupés en cubes
3 gousses d'ail, hachées finement
30 ml (2 c. à soupe) de paprika
7,5 ml (1 1/2 c. à thé) de carvi moulu
2,5 ml (1/2 c. à thé) de paprika fumé
60 ml (1/4 tasse) de farine tout usage
500 ml (2 tasses) de bouillon de bœuf
30 ml (2 c. à soupe) de ketchup
30 ml (2 c. à soupe) de vinaigre balsamique
125 ml (1/2 tasse) de crème sure
60 ml (1/4 tasse) de persil plat ciselé
Sel et poivre

1 Dans une grande poêle, dorer la viande dans le beurre, la moitié à la fois. Saler et poivrer. Transvider la viande dans la mijoteuse.
2 Dans la même poêle, dorer les oignons. Ajouter de l'huile au besoin. Ajouter l'ail, les épices et cuire 1 minute en remuant. Saupoudrer de farine et poursuivre la cuisson 1 minute. Ajouter le bouillon et porter à ébullition en remuant. Transvider dans la mijoteuse. Ajouter le ketchup et le vinaigre. Bien mélanger.
3 Couvrir et cuire à basse température (*Low*) 6 heures. Rectifier l'assaisonnement.
4 Servir avec des nouilles aux œufs ou des pommes de terre. Garnir la goulash d'une grosse cuillérée de crème sure et parsemer de persil.

porc saté

RECETTE P056

PORC SATÉ

Préparation 30 MINUTES *Cuisson* 4 HEURES *Portions* 4 À 6

En Indonésie, «saté» signifie brochettes de viande marinée avec des épices et des arachides. Évidemment, on ne peut pas griller des brochettes à la mijoteuse, mais les saveurs sont identiques.

1 kg (2 lb) d'épaule de porc désossée et sans couenne, coupée en cubes
45 ml (3 c. à soupe) d'huile d'olive
6 oignons verts, émincés (vert et blanc séparés)
2 gousses d'ail, hachées finement
15 ml (1 c. à soupe) de gingembre frais, pelé et haché finement
375 ml (1 1/2 tasse) de bouillon de poulet
60 ml (1/4 tasse) de jus de lime
60 ml (1/4 tasse) de sauce soya
15 ml (1 c. à soupe) de miel
10 ml (2 c. à thé) de sambal œlek
180 ml (3/4 tasse) de beurre d'arachide
125 ml (1/2 tasse) de yogourt nature 10 %
125 ml (1/2 tasse) de coriandre fraîche ciselée
60 ml (1/4 tasse) d'arachides grillées et concassées
Sel et poivre

1 Dans une grande poêle, dorer le porc dans l'huile, la moitié à la fois. Saler et poivrer. Vers la fin de la cuisson, ajouter le blanc des oignons verts, l'ail et poursuivre la cuisson environ 2 minutes. Transvider dans la mijoteuse et ajouter le gingembre, le bouillon, le jus de lime, la sauce soya, le miel et le sambal œlek. Bien mélanger.

2 Couvrir et cuire à basse température (*Low*) 4 heures.

3 Au moment de servir, prendre 250 ml (1 tasse) de jus de cuisson dans la mijoteuse et le verser dans un bol. Ajouter le beurre d'arachide et bien mélanger à l'aide d'un fouet. Verser dans la mijoteuse et ajouter le vert des oignons. Mélanger et rectifier l'assaisonnement. Servir sur un riz basmati et garnir d'une cuillère de yogourt. Parsemer de coriandre et d'arachides.

TACOS DE PORC À LA SALSA VERDE

Préparation 20 MINUTES ***Cuisson*** 8 HEURES ***Portions*** 6
Le porc se congèle

La salsa verde en pot est habituellement piquante. Pour plaire aux enfants, nous avons fait la même recette avec un mélange à parts égales de salsa verde et de salsa rouge douce.

Porc
1,4 kg (3 lb) d'épaule de porc désossée et sans couenne, coupée en 4 à 5 morceaux
1 pot d'environ 450 ml (16 oz) de salsa verde du commerce
Sel et poivre

Tacos et garnitures
Coquilles à tacos ou tortillas
Fromage cheddar orangé, râpé
Laitue iceberg, émincée
Tomates, coupées en dés
Crème sure
Salsa douce ou piquante

1 POUR LE PORC Dans la mijoteuse, déposer les morceaux de porc et couvrir de salsa verde. Saler et poivrer. Couvrir et cuire à basse température (*Low*) 8 heures.
2 À l'aide de deux fourchettes, défaire la viande en prenant soin de retirer le gras. Rectifier l'assaisonnement. Transvider la viande dans un plat de service avec un peu de son jus de cuisson.
3 POUR LES TACOS Déposer la viande au centre de la table avec les coquilles à tacos et les garnitures.

POULET CACCIATORE

Préparation 30 MINUTES *Cuisson* 4 HEURES *Portions* 4 *Se congèle*

On a découvert qu'une petite quantité de tapioca minute ajoutée à certains plats en sauce, comme le poulet cacciatore, permet d'obtenir une super belle texture. Ça nous donne une bonne raison de ressortir la petite boîte rouge du fond du garde-manger.

12 pilons de poulet ou hauts de cuisses, sans la peau
60 ml (1/4 tasse) d'huile d'olive
227 g (8 oz) de champignons blancs, coupés en quartiers
1 oignon, émincé
4 gousses d'ail, hachées finement
180 ml (3/4 tasse) de vin rouge
2 poivrons rouges, épépinés et coupés en cubes
1 boîte de 398 ml (14 oz) de tomates en dés
45 ml (3 c. à soupe) de pâte de tomates
20 ml (4 c. à thé) de tapioca à cuisson rapide
2,5 ml (1/2 c. à thé) de sel de céleri
125 ml (1/2 tasse) de persil plat ciselé
Sel et poivre

1 Dans une grande poêle, dorer le poulet dans la moitié de l'huile. Saler et poivrer. Transvider le poulet dans la mijoteuse.
2 Dans la même poêle, dorer les champignons et l'oignon dans le reste de l'huile. Saler et poivrer. Ajouter l'ail et poursuivre la cuisson 1 minute. Déglacer avec le vin. Transvider sur le poulet. Ajouter les poivrons, les tomates, la pâte de tomates, le tapioca et le sel de céleri. Mélanger.
3 Couvrir et cuire à basse température (*Low*) 4 heures. Ajouter le persil et rectifier l'assaisonnement.
4 Servir avec des nouilles aux œufs.

MIJOTÉ DE BŒUF AUX CAROTTES

Préparation 30 MINUTES ***Cuisson*** 8 HEURES ***Portions*** 6 ***Se congèle***

Un classique, revisité par l'ajout de jus de carotte. On le trouve dans la rayon des fruits et légumes. J'aime son apport un peu sucré au mijoté. Quand il y a des pommes de terre dans une recette à cuire à la mijoteuse, assurez-vous qu'elles soient bien recouvertes de liquide pour empêcher le noircissement.

8 carottes, pelées et coupées en tronçons de 2,5 cm (1 po)
1 litre (4 tasses) de pommes de terre grelots coupées en deux
500 ml (2 tasses) de jus de carotte
1 rôti de palette de bœuf désossé d'environ 1 kg (2 lb), coupé en 6 morceaux
60 ml (1/4 tasse) de beurre
2 oignons, coupés en fins quartiers
4 gousses d'ail, hachées finement
30 ml (2 c. à soupe) de farine tout usage
250 ml (1 tasse) de bouillon de boeuf
Sel et poivre

1 Dans la mijoteuse, mélanger les carottes, les pommes de terre et le jus de carotte. Saler et poivrer. Réserver.

2 Dans une grande poêle, dorer la viande dans la moitié du beurre. Saler et poivrer. Transvider dans la mijoteuse.

3 Dans la même poêle, dorer les oignons dans le reste du beurre. Ajouter l'ail et cuire 1 minute. Saupoudrer de farine et cuire 1 minute en remuant. Déglacer avec le bouillon et porter à ébullition en remuant. Transvider dans la mijoteuse.

4 Couvrir et cuire à basse température (*Low*) 8 heures. Rectifier l'assaisonnement.

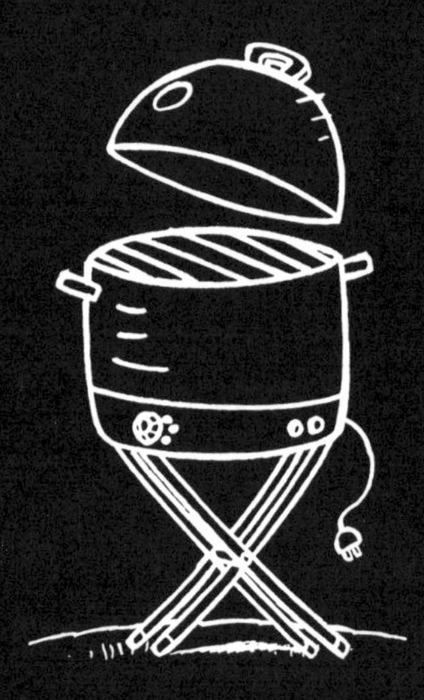

la mijoteuse ***même l'été***

Dans ma famille, c'est prouvé: la mijoteuse apporte bien-être et réconfort durant les longs mois d'hiver. Enveloppant toute la maison de parfums sécurisants, elle envoie des messages subliminaux apaisants, des promesses de plaisir dont on a tant besoin pendant ces longs mois. Pourtant, c'est en été que la mijoteuse prend tout son fringant. Elle peut même détrôner le barbecue à l'occasion. Car la mijoteuse, elle, peut être utilisée à l'intérieur. Elle devient l'arme secrète du chef estival qui n'aura pas à transformer sa cuisine en sauna ou à suer devant un feu de briquettes ou un brûleur à 150 000 BTU. Pourquoi ne pas relaxer un verre de vin à la main, installé confortablement sur une chaise longue pendant que la mijoteuse s'occupe de la bavette à la lime ? C'est fou le temps dont vous disposerez pour faire autre chose ou ne rien faire du tout.

recettes pour les jours ensoleillés

WARM OUI

ROULÉS DE BAVETTE À LA LIME

Préparation 20 MINUTES ***Cuisson*** 4 HEURES ***Portions*** 4 À 6
La bavette se congèle

On a l'habitude de griller la bavette au barbecue. Dans cette recette, on la dépose avec tous ses assaisonnements directement dans la mijoteuse et on cuit pendant 4 heures. Aussi simple que ça! Il ne reste qu'à présenter la viande sur la table avec de belles feuilles de laitue et à rouler. Ça goûte l'été.

Bavette
15 ml (1 c. à soupe) de cassonade
15 ml (1 c. à soupe) de farine tout usage
15 ml (1 c. à soupe) de poudre de chili
5 ml (1 c. à thé) de cumin moulu
5 ml (1 c. à thé) de coriandre moulue
1 kg (2 lb) de bavette de bœuf, tranchée en lanières de 1/2 cm (1/4 po) d'épaisseur contre le sens du grain de la viande
125 ml (1/2 tasse) de bouillon de bœuf
2 oignons verts, hachés finement
1 piment jalapeño, épépiné et haché finement
2 gousses d'ail, hachées
1 lime, le zeste râpé et le jus
60 ml (1/4 tasse) de coriandre fraîche ciselée
Sel et poivre

Garniture
Feuilles de laitue Boston
Coriandre fraîche
1 à 2 avocats, tranchés et citronnés au besoin
Crème sure

1 POUR LA BAVETTE Dans la mijoteuse, mélanger la cassonade, la farine et les épices. Ajouter le reste des ingrédients à l'exception de la coriandre et bien mélanger. Saler et poivrer.

2 Couvrir et cuire à basse température (*Low*) 4 heures. Si la viande est maintenue à réchaud (*Warm*) pendant plusieurs heures, celle-ci devient très tendre et s'effiloche trop facilement. Ajouter la coriandre et rectifier l'assaisonnement.

3 POUR LA GARNITURE Placer la viande et les garnitures dans des plats de service et les déposer au centre de la table. Laisser chacun garnir les feuilles de laitue de crème sure, de viande, d'avocat et de coriandre pour ensuite les enrouler.

SAUMON VAPEUR AU FENOUIL

Préparation 10 MINUTES ***Cuisson*** 1 H 15 ***Portions*** 4

Je vous entends déjà: «Pourquoi cuire du saumon à la mijoteuse quand c'est si simple de le faire directement sur le barbecue?» J'étais sceptique comme vous, mais j'ai été étonné. Grâce au meilleur contrôle de l'humidité dans la mijoteuse, on obtient une texture absolument renversante. J'ai rarement goûté à un saumon aussi moelleux. Une des plus belles surprises de nos tests en cuisine.

250 ml (1 tasse) de bouillon de légumes
10 ml (2 c. à thé) d'alcool anisé (pastis, ouzo) (facultatif)
4 pavés épais de saumon, sans la peau
1/2 bulbe de fenouil sans les tiges, tranché finement idéalement à la mandoline
30 ml (2 c. à soupe) de feuillage de fenouil haché finement
Sel et poivre

1 Verser le bouillon et l'alcool anisé dans la mijoteuse. Y déposer les pavés de saumon et parsemer de fenouil. Saler et poivrer.

2 Couvrir et cuire à basse température (*Low*) environ 1 h 15 ou jusqu'à ce que le saumon ait une cuisson rosée au centre. Servir le saumon avec le fenouil et un riz vapeur. Décorer de feuillage de fenouil.

SOUPE DE FRUITS DE MER ET DE POISSON AUX HERBES FRAÎCHES

Préparation 30 MINUTES *Cuisson* 4 HEURES *Portions* 4 À 6

Une soupe, c'est si simple à préparer. Alors pourquoi utiliser la mijoteuse? En cuisant une partie de la journée, les légumes et le bouillon feront exploser les saveurs et les arômes. Au retour à la maison, on n'a qu'à ajouter le poisson et les fruits de mer. Cinq minutes et c'est prêt.

2 branches de céleri, tranchées
2 échalotes françaises, hachées finement
30 ml (2 c. à soupe) de beurre
30 ml (2 c. à soupe) d'alcool anisé (pastis, ouzo)
1 litre (4 tasses) de fumet de poisson ou de bouillon de poulet
500 ml (2 tasses) de pommes de terre Russet pelées et coupées en dés
250 ml (1 tasse) de jus de pomme
1 bulbe de fenouil sans les tiges, tranché finement
225 g (1/2 lb) de morue, coupée en gros cubes
225 g (1/2 lb) de pétoncles moyens
225 g (1/2 lb) de crevettes crues moyennes décortiquées
125 ml (1/2 tasse) d'herbes fraîches ciselées au goût
(estragon, persil plat, ciboulette, aneth)
Quartiers de citron
Sel et poivre

1 Dans une poêle, attendrir le céleri et les échalotes dans le beurre. Déglacer avec l'alcool anisé et transvider dans la mijoteuse. Ajouter le fumet, les pommes de terre, le jus de pomme et le fenouil. Saler et poivrer.
2 Couvrir et cuire à température élevée (*High*) 4 heures.
3 Ajouter le poisson, les fruits de mer et laisser mijoter de 3 à 5 minutes ou jusqu'à ce qu'ils soient cuits. Ajouter du bouillon au besoin. Rectifier l'assaisonnement. Si la soupe s'est maintenue à réchaud (*Warm*) pendant plus d'une heure, il faut régler la mijoteuse à température élevée (*High*) avant d'ajouter le poisson et les fruits de mer.
4 Servir dans des assiettes creuses et parsemer d'herbes. Accompagner de quartiers de citron. Si désiré, servir avec des croûtons tartinés de rouille.

ROUILLE

Préparation 10 MINUTES ***Portions*** 4

5 ml (1 c. à thé) de jus de citron
Une pincée de safran
3 gousses d'ail, hachées finement
2 jaunes d'œufs
1 ml (1/4 c. à thé) de sel
Une pincée de poivre de Cayenne
125 ml (1/2 tasse) d'huile végétale
8 tranches de pain baguette, grillées

1 Dans un bol, mélanger le jus de citron et le safran.
2 Dans un petit robot, réduire en purée l'ail, les jaunes d'œufs, le jus de citron avec le safran, le sel et le poivre de Cayenne.
3 Ajouter la moitié de l'huile en un mince filet tout en mélangeant. Ajouter le reste de l'huile. La rouille aura la texture d'une mayonnaise épaisse. Rectifier l'assaisonnement. Réfrigérer au besoin.
4 Servir la rouille avec les croûtons en accompagnement de la soupe de fruits de mer et de poisson aux herbes fraîches.

RECETTE P068

soupe de fruits de mer et
de poisson aux herbes fraîches

RECETTE P068

soupe de fruits de mer
et de poisson aux herbes fraîches
et croûton tartiné de rouille

RATATOUILLE DU POTAGER

Préparation 30 MINUTES ***Cuisson*** 4 HEURES ***Rendement*** 1, 5 LITRE (6 TASSES)
Se congèle

Quand tout pousse en même temps et qu'on se retrouve avec plein de légumes: solution ratatouille. C'est bon un peu partout: sur la pizza, dans les pâtes, en accompagnement, avec une omelette. Coupez les légumes en morceaux de même grosseur pour de meilleurs résultats.

1 petite aubergine, coupée en cubes d'environ 1,5 cm (3/4 po)
2 poivrons rouges, épépinés et coupés en lanières
2 courgettes jaunes, coupées en rondelles d'environ 1,5 cm (3/4 po) d'épaisseur
2 courgettes vertes, coupées en rondelles d'environ 1,5 cm (3/4 po) d'épaisseur
1 boîte de 398 ml (14 oz) de tomates en dés
1 oignon, haché
75 ml (1/3 tasse) d'huile d'olive
2 gousses d'ail, hachées
2,5 ml (1/2 c. à thé) de flocons de piment fort broyés
15 ml (1 c. à soupe) de paprika doux ou fumé (facultatif)
Sel et poivre

1 Dans la mijoteuse, mélanger tous les ingrédients à l'exception du paprika. Saler et poivrer.

2 Couvrir et cuire à basse température (*Low*) 4 heures. Saupoudrer de paprika et mélanger. Rectifier l'assaisonnement.

SALADE DE BETTERAVES BRAISÉES À L'ORANGE

Préparation 30 MINUTES *Cuisson* 4 HEURES *Portions* 8

Je n'en reviens pas d'avoir mangé des betteraves marinées la majeure partie de ma vie. Et jamais je n'aurais pensé les cuire un jour à la mijoteuse. La betterave est si bonne en légume d'accompagnement ou en salade. Ça vaut la peine de se tacher les mains!

Betteraves braisées
1 kg (2 lb) de betteraves rouges ou jaunes entières, non pelées
2 oranges, le zeste râpé
500 ml (2 tasses) de jus d'orange
30 ml (2 c. à soupe) de vinaigre de vin blanc
Sel

Vinaigrette
30 ml (2 c. à soupe) de jus d'orange
30 ml (2 c. à soupe) de vinaigre de vin blanc
5 ml (1 c. à thé) de moutarde à l'ancienne
5 ml (1 c. à thé) de miel
1 petite gousse d'ail, hachée finement
60 ml (1/4 tasse) d'huile d'olive
Sel et poivre

Salade
1,5 litre (6 tasses) de mâche ou de roquette
125 ml (1/2 tasse) de fromage ricotta
125 ml (1/2 tasse) de noix de Grenoble, grillées et concassées
2 oranges, coupées en suprêmes
60 ml (1/4 tasse) de ciboulette fraîche ciselée

1 POUR LES BETTERAVES BRAISÉES Dans la mijoteuse, mélanger tous les ingrédients. Saler. Couvrir et cuire à basse température (*Low*) 4 heures. Remuer à deux reprises pendant la cuisson, si possible. Égoutter et jeter le jus de cuisson. Laisser tiédir les betteraves et les peler. Couper en fins quartiers ou en cubes.
2 POUR LA VINAIGRETTE Dans un bol, mélanger tous les ingrédients à l'aide d'un fouet. Saler et poivrer.
3 POUR LA SALADE Répartir la mâche sur une grande assiette de service ou sur des assiettes individuelles et y déposer les betteraves. Garnir de quenelles de ricotta, de noix, de suprêmes d'oranges et de ciboulette. Arroser de vinaigrette.

RECETTE P075

salade de betteraves
braisées à l'orange

EFFILOCHÉ DE PORC BARBECUE — *PULLED PORK*

Préparation 15 MINUTES ***Cuisson*** 8 HEURES ***Portions*** 8 ***Se congèle***

Pour faire cuire une épaule de porc, la mijoteuse est l'environnement parfait. La longue cuisson dans la sauce barbecue nous assure un morceau de viande très tendre qu'on peut ensuite effilocher à la fourchette. On utilisera ce *pulled pork* autant dans les tacos, que servi sur du pain de maïs, avec de la polenta ou dans un burger.

Sauce barbecue

250 ml (1 tasse) de ketchup
125 ml (1/2 tasse) de vinaigre de cidre
125 ml (1/2 tasse) de gelée de pommes
30 ml (2 c. à soupe) de moutarde de Dijon
30 ml (2 c. à soupe) de mélasse
30 ml (2 c. à soupe) de sauce Worcestershire
30 ml (2 c. à soupe) de poudre de chili
10 ml (2 c. à thé) de poudre d'oignon
5 ml (1 c. à thé) de Tabasco
2,5 ml (1/2 c. à thé) de poudre d'ail

Rôti

1 rôti d'épaule de porc d'environ 1,8 kg (4 lb),
(ou 1 rôti de 1,6 kg (3 1/2 lb) désossé et sans couenne)
Sel et poivre

1 POUR LA SAUCE Dans la mijoteuse, mélanger tous les ingrédients.
2 POUR LE RÔTI Ajouter la viande et bien l'enrober de la sauce. Saler et poivrer.
3 Couvrir et cuire à basse température (*Low*) 8 heures.
4 Retirer la viande de la mijoteuse. À l'aide d'une fourchette, effilocher la viande et la réserver dans un bol.
5 Entre-temps, dans une petite casserole, faire réduire la sauce de moitié puis l'ajouter à la viande. Bien mélanger et rectifier l'assaisonnement.
6 Servir en burgers (p. 83).

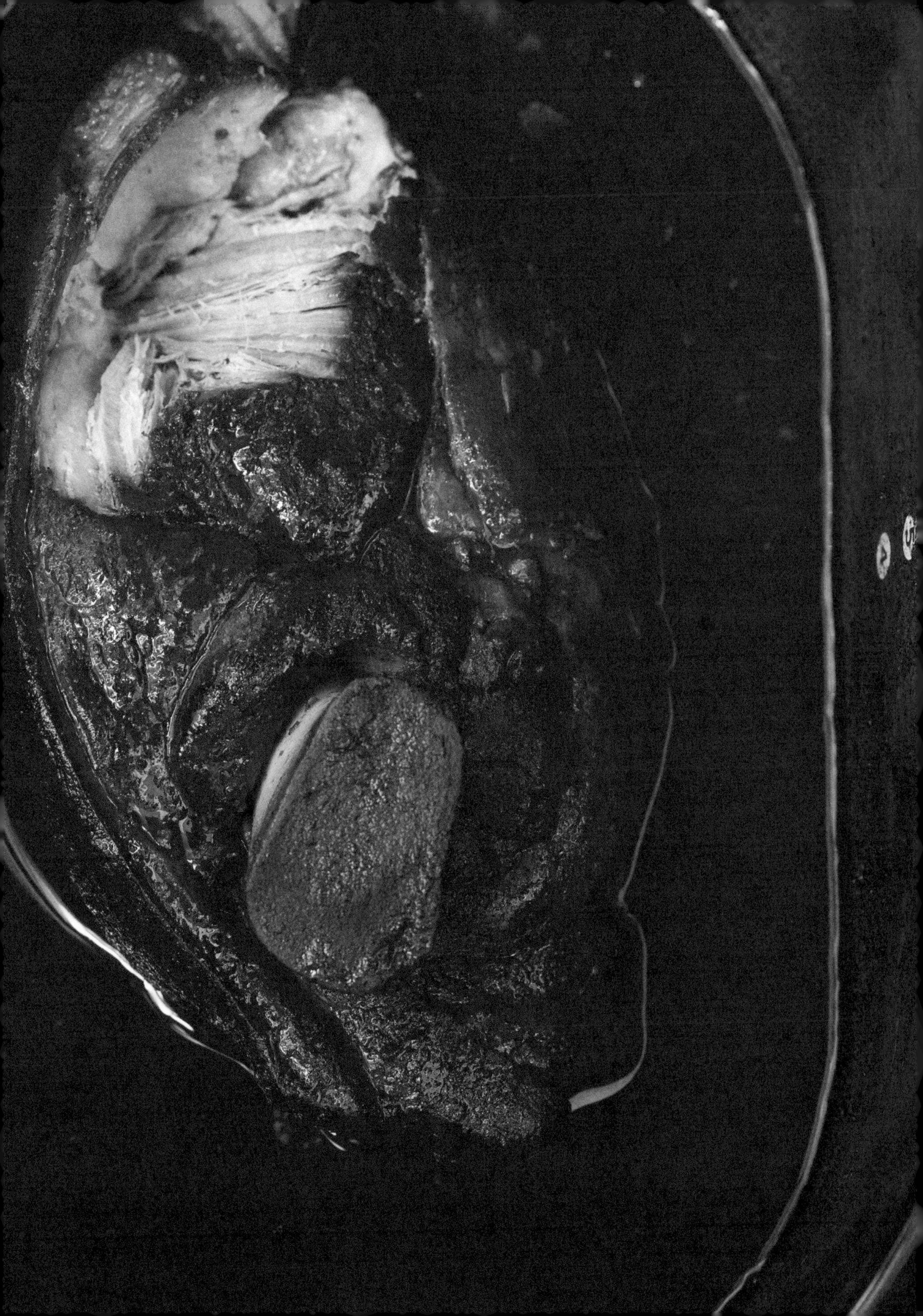

BURGERS D'EFFILOCHÉ DE PORC BARBECUE

Préparation 20 MINUTES ***Portions*** 8

Si comme moi, vous en avez assez des burgers classiques, je vous propose le porc effiloché avec la sauce barbecue. Je suis sûr que ça viendra vous chercher! On ajoute de la salade de chou bien croquante et on obtient une super recette d'été.

Salade de chou
30 ml (2 c. à soupe) de vinaigre de cidre
15 ml (1 c. à soupe) de moutarde à l'ancienne
15 ml (1 c. à soupe) de sirop d'érable
15 ml (1 c. à soupe) d'huile d'olive
1 pomme, épépinée et coupée en fine julienne
1 litre (4 tasses) de chou vert émincé finement
Sel et poivre

Burgers
8 gros pains à hamburgers, grillés
750 ml (3 tasses) d'effiloché de porc barbecue avec sauce, chaud (voir recette p. 80)

1 POUR LA SALADE DE CHOU Dans un bol, mélanger le vinaigre, la moutarde, le sirop d'érable et l'huile à l'aide d'un fouet. Ajouter la pomme et bien l'enrober (cette étape l'empêchera de s'oxyder trop rapidement). Ajouter le chou et bien mélanger. Saler et poivrer. Laisser reposer 15 minutes.
2 POUR LES BURGERS Répartir l'effiloché de porc barbecue sur la base des pains et garnir de salade de chou. Refermer et servir immédiatement.

CÔTES LEVÉES

Préparation 20 MINUTES ***Cuisson*** 5 HEURES ***Portions*** 4

Finie la précuisson des côtes dans l'eau bouillante qui répand une odeur désagréable dans la cuisine. En mijotant directement dans la sauce barbecue, les côtes s'imprègnent de saveurs en plus de devenir archi-tendres. Et ça sent bon dans la maison. Avant de les servir, je grille quand même les côtes quelques minutes sur le barbecue pour leur donner le p'tit goût grillé dont on ne peut se passer.

Sauce barbecue

180 ml (3/4 tasse) de ketchup
125 ml (1/2 tasse) de confiture ou de gelée d'abricots
125 ml (1/2 tasse) de vinaigre de cidre
30 ml (2 c. à soupe) de sauce Worcestershire
30 ml (2 c. à soupe) de poudre de chili
5 ml (1 c. à thé) de poudre d'oignon
5 ml (1 c. à thé) de poudre d'ail
5 ml (1 c. à thé) de Tabasco
Sel et poivre

Côtes levées

2 kg (4 1/2 lb) de côtes levées de dos de porc, coupées en sections de 3 os

1 POUR LA SAUCE Dans la mijoteuse, mélanger tous les ingrédients. Saler et poivrer.
2 POUR LES CÔTES LEVÉES Ajouter les côtes levées et bien les enrober. Couvrir et cuire à basse température (*Low*) 5 heures. Les côtes doivent être tendres mais bien se tenir. Retirer les côtes levées de la mijoteuse puis les égoutter.
3 Préchauffer le barbecue à puissance élevée. Huiler la grille.
4 Dans une petite casserole, faire réduire la sauce jusqu'à ce qu'elle soit sirupeuse.
5 Griller les côtes de chaque côté sur la grille du barbecue en les badigeonnant avec la sauce. On peut aussi étaler les côtes levées sur une plaque de cuisson et les griller quelques minutes sous le gril (*broil*) du four.

AILES DE POULET AU MIEL

Préparation 40 MINUTES *Cuisson* 3 HEURES *Portions* 4 À 6

1,4 kg (3 lb) d'ailes de poulet
2 gousses d'ail, hachées finement
125 ml (1/2 tasse) de miel
125 ml (1/2 tasse) de sauce chili
15 ml (1 c. à soupe) de moutarde de Dijon
15 ml (1 c. à soupe) de poudre de chili
10 ml (2 c. à thé) de Tabasco ou au goût
Sel et poivre

1 En préparant les ailes, on remarque qu'elles ont deux jointures. À l'aide d'un couteau de chef, couper les deux articulations. On obtient trois morceaux pour chaque aile. Jeter le petit bout pointu où il n'y a pas de viande.
2 Dans la mijoteuse, mélanger le reste des ingrédients. Ajouter les ailes de poulet et bien les enrober. Saler et poivrer.
3 Couvrir et cuire à basse température (*Low*) 3 heures.
4 Préchauffer le barbecue à puissance moyenne. Huiler la grille.
5 Retirer les ailes de la mijoteuse et les égoutter. Les griller sur le barbecue de 5 à 6 minutes en les badigeonnant avec le jus de cuisson. On peut aussi étaler les ailes de poulet sur une plaque de cuisson et les griller quelques minutes sous le gril (*broil*) du four.
6 Si désiré, servir avec la trempette au fromage bleu.

TREMPETTE AU FROMAGE BLEU

Préparation 10 MINUTES *Rendement* 375 ML (1 1/2 TASSE), ENVIRON

125 ml (1/2 tasse) de mayonnaise
125 ml (1/2 tasse) de crème sure
125 ml (1/2 tasse) de fromage bleu émietté
30 ml (2 c. à soupe) de persil plat ciselé
30 ml (2 c. à soupe) de jus de citron
1 gousse d'ail, hachée finement
Sel et poivre

1 Dans un bol, mélanger tous les ingrédients. Saler et poivrer. Couvrir et réfrigérer au besoin.
2 Servir avec les ailes de poulet au miel.

« CONFITURE » DE MANGUES

Préparation 30 MINUTES ***Cuisson*** 4 HEURES ***Rendement*** 1 LITRE (4 TASSES)
Se congèle

Les confitures font partie de nos belles découvertes de recettes à la mijoteuse. La cuisson lente et douce ainsi que le peu de sucre utilisé permettent d'obtenir une compotée d'une belle couleur avec des morceaux de fruits intacts. Comme on a un meilleur contrôle sur la cuisson, pas besoin d'avoir peur de trop les cuire et qu'elles prennent un goût caramélisé.

2 litres (8 tasses) de mangues pelées et coupées en petits dés
500 ml (2 tasses) de sucre
45 ml (3 c. à soupe) de jus de citron

1 Dans la mijoteuse, mélanger tous les ingrédients. Couvrir et cuire à température élevée (*High*) 1 heure.
2 Retirer le couvercle et poursuivre la cuisson environ 3 heures pour permettre au liquide de s'évaporer et ainsi obtenir une confiture plus épaisse. Poursuivre au besoin. Verser dans quatre pots stérilisés d'une contenance de 250 ml (1 tasse).
3 La confiture se conserve environ 2 semaines au réfrigérateur. Pour une conservation de plusieurs semaines, congeler les pots.

«confiture» fraises et rhubarbe

RECETTE P093

« CONFITURE » DE FRAISES

Préparation 30 MINUTES ***Cuisson*** 4 HEURES ***Rendement*** 1 LITRE (4 TASSES)
Se congèle

2 litres (8 tasses) de fraises fraîches coupées en dés
500 ml (2 tasses) de sucre
45 ml (3 c. à soupe) de jus de citron

1 Mélanger tous les ingrédients dans la mijoteuse. Couvrir et cuire à température élevée (*High*) 1 heure.
2 Retirer le couvercle et poursuivre la cuisson environ 3 heures pour permettre au liquide de s'évaporer et ainsi obtenir une confiture plus épaisse. Poursuivre au besoin. Verser dans quatre pots stérilisés d'une contenance de 250 ml (1 tasse).
3 La confiture se conserve environ 2 semaines au réfrigérateur. Pour une conservation de plusieurs semaines, congeler les pots.

« CONFITURE » FRAISES ET RHUBARBE

Préparation 30 MINUTES ***Cuisson*** 4 HEURES ***Rendement*** 1 LITRE (4 TASSES)
Se congèle

1 litre (4 tasses) de fraises fraîches coupées en dés
1 litre (4 tasses) de rhubarbe fraîche coupée en dés
500 ml (2 tasses) de sucre
45 ml (3 c. à soupe) de jus de citron

1 Mélanger tous les ingrédients dans la mijoteuse. Couvrir et cuire à température élevée (*High*) 1 heure.

2 Retirer le couvercle et poursuivre la cuisson environ 3 heures pour permettre au liquide de s'évaporer et ainsi obtenir une confiture plus épaisse. Poursuivre au besoin. Verser dans quatre pots stérilisés d'une contenance de 250 ml (1 tasse).

3 La confiture se conserve environ 2 semaines au réfrigérateur. Pour une conservation de plusieurs semaines, congeler les pots.

la mijoteuse *pour recevoir*

Soyons honnêtes, même pour le plus harmonieux des couples, la plus zen des unions, recevoir peut être stressant. « T'as pas encore vidé le lave-vaisselle! Ils arrivent dans 5 minutes. » « Tu vas pas porter ça! » « T'as oublié de faire cuire les légumes. » Chez le couple, la mijoteuse devient l'élément rassembleur qui transforme une séance chaotique de tâches individuelles en un projet commun. La mijoteuse règle aussi le cas des cuisiniers martyrs, ceux qui passent leur soirée dans la cuisine, l'air dépassé par les événements. On les reconnaît généralement à cette phrase de leurs convives alors que tout le monde est à table: elle est où, Esther? Grâce à la mijoteuse, l'hôte esclave de sa propre cuisine peut se matérialiser à la table avec sa famille et ses amis pendant que la mijoteuse met la dernière main au repas.

recettes pour recevoir sans s'énerver

JOUES DE VEAU AUX FIGUES

Préparation 30 MINUTES ***Cuisson*** 8 HEURES ***Portions*** 6 ***Se congèle***

La joue est une pièce de viande qui gagne à être connue. L'expression «se coupe à la fourchette» a dû être inventée lors d'un repas où on servait de la joue. Vous pouvez remplacer deux joues de veau par une joue de bœuf, mais cette dernière étant plus grosse, elle met plus de temps à cuire. Il faut la couper en deux ou trois morceaux pour garder le même temps de cuisson.

Joues de veau
12 joues de veau, dégraissées
60 ml (1/4 tasse) de beurre
1 oignon, haché
45 ml (3 c. à soupe) de farine tout usage
625 ml (2 1/2 tasses) de fond de veau
60 ml (1/4 tasse) de cognac
30 ml (2 c. à soupe) de mélasse
12 figues séchées, coupées en deux
3 branches de céleri, coupées en dés
Sel et poivre

Garniture
125 ml (1/2 tasse) de bébé roquette
1 branche de céleri, tranchée finement
30 ml (2 c. à soupe) de pacanes grillées et concassées

1 POUR LES JOUES DE VEAU Dans une grande poêle, dorer les joues de veau dans le beurre de chaque côté. Transvider dans la mijoteuse.
2 Dans la même poêle, attendrir l'oignon. Saupoudrer de farine et bien mélanger. Ajouter le fond de veau et porter à ébullition en remuant. Transvider dans la mijoteuse et ajouter le reste des ingrédients. Saler et poivrer.
3 Couvrir et cuire à basse température (*Low*) 8 heures.
4 POUR LA GARNITURE Servir la viande sur une purée de panais, de céleri rave ou de pommes de terre et garnir de quelques feuilles de roquette, de céleri et de pacanes.

OSSO BUCO

Préparation 40 MINUTES ***Cuisson*** 6 HEURES ***Portions*** 4 ***Se congèle***

Je sais, vous vous dites: «Quoi, recevoir avec un plat préparé à la mijoteuse?» Je connais le préjugé. Et pourtant... On part la mijoteuse vers 11 heures le samedi matin, on va faire des courses, on fait le taxi pour les enfants, on passe chez le nettoyeur et tout est prêt quand la visite arrive à 18 h. Quoi de mieux?

Osso buco
60 ml (1/4 tasse) de farine tout usage
4 à 6 tranches de jarret de veau d'environ 5 cm (2 po) d'épaisseur
30 ml (2 c. à soupe) d'huile d'olive
1 oignon, haché finement
3 gousses d'ail, hachées finement
250 ml (1 tasse) de vin blanc sec
60 ml (1/4 tasse) de pâte de tomates
2 branches de céleri, hachées finement
2 carottes, pelées et hachées finement
250 ml (1 tasse) de fond de veau
5 ml (1 c. à thé) de thym séché
Sel et poivre

Gremolata
2 citrons, le zeste râpé finement
60 ml (1/4 tasse) de persil plat ciselé
1 gousse d'ail, hachée très finement
Poivre

1 POUR L'OSSO BUCO Fariner les tranches de jarret.
2 Dans une grande poêle, dorer les jarrets dans l'huile de chaque côté. Saler et poivrer. Les déposer dans la mijoteuse.
3 Dans la même poêle, attendrir l'oignon et l'ail. Ajouter de l'huile au besoin. Déglacer avec le vin et transvider dans la mijoteuse. Ajouter le reste des ingrédients. Bien mélanger. Saler et poivrer.
4 Couvrir et cuire à basse température (*Low*) 6 heures. Rectifier l'assaisonnement.
5 POUR LA GREMOLATA Dans un bol, mélanger tous les ingrédients. Parsemer sur la viande au service. Accompagner de pâtes ou d'une purée de pommes de terre.

RECETTE P100

osso buco

GRATIN DAUPHINOIS

Préparation 30 MINUTES ***Cuisson*** 5 HEURES ***Attente*** 30 MINUTES
Portions 6

La gestion du four est un vrai casse-tête quand on reçoit. Une fois la pièce de viande ou le dessert au four, il n'y a plus de place pour rien d'autre. C'est là que la mijoteuse entre en scène. Elle peut faire office de deuxième four. Dans certains cas, le résultat est même meilleur. C'est le cas du gratin dauphinois, qui gagne à cuire longtemps et lentement.

500 ml (2 tasses) de crème 35 %
1 boîte de 370 ml (13 oz) de lait évaporé
2 gousses d'ail, pelées et coupées en deux
2 litres (8 tasses) de pommes de terre Russet pelées et tranchées finement à la mandoline (environ 8 à 10 pommes de terre)
Sel et poivre

1 Beurrer le récipient de la mijoteuse.
2 Dans une casserole, porter à ébullition la crème, le lait évaporé et l'ail. Couvrir et laisser infuser 5 minutes. Retirer l'ail.
3 Tapisser le fond de la mijoteuse de tranches de pommes de terre. Poursuivre avec un peu du mélange de crème chaude. Saler et poivrer. Poursuivre ainsi, en alternant, jusqu'à épuisement des ingrédients.
4 Couvrir et cuire à basse température (*Low*) 5 heures. Éteindre la mijoteuse. Retirer le couvercle et laisser reposer 30 minutes. Le gratin peut rester à réchaud (*Warm*) maximum 1 heure. Dans ce cas, vous n'aurez pas besoin de le laisser reposer à découvert.

JARRETS D'AGNEAU AUX PRUNEAUX

Préparation 30 MINUTES ***Cuisson*** 6 À 8 HEURES (SELON LA GROSSEUR DES JARRETS)
Portions 4 ***Se congèle***

30 ml (2 c. à soupe) de fécule de maïs
250 ml (1 tasse) de bouillon de poulet
20 pruneaux séchés, coupés en dés
30 ml (2 c. à soupe) de vinaigre balsamique
15 ml (1 c. à soupe) de moutarde de Dijon
4 jarrets d'agneau
30 ml (2 c. à soupe) d'huile d'olive
4 échalotes françaises, émincées
2 gousses d'ail, hachées finement
30 ml (2 c. à soupe) de miel
1 anis étoilé
250 ml (1 tasse) de porto
Sel et poivre

1 Dans la mijoteuse, mélanger la fécule de maïs avec le bouillon, les pruneaux, le vinaigre et la moutarde.
2 Dans une grande poêle, dorer les jarrets dans l'huile. Saler et poivrer. Transvider dans la mijoteuse.
3 Dans la même poêle, dorer les échalotes. Ajouter l'ail, le miel, l'anis et cuire 1 minute en remuant. Déglacer avec le porto et transvider dans la mijoteuse. Bien mélanger. Saler et poivrer.
4 Couvrir et cuire à basse température (*Low*) de 6 à 8 heures selon la grosseur des jarrets, ou jusqu'à ce que la viande se défasse à la fourchette. Rectifier l'assaisonnement.

CAROTTES BRAISÉES

Préparation 10 MINUTES ***Cuisson*** 4 HEURES ***Portions*** 4 À 6

30 ml (2 c. à soupe) de beurre ramolli
10 à 12 carottes, pelées et coupées en deux sur la longueur
250 ml (1 tasse) de jus d'orange
15 ml (1 c. à soupe) de miel
Sel et poivre

1 Beurrer le fond de la mijoteuse. Y déposer les carottes. Ajouter le jus d'orange et verser le miel en filet. Saler et poivrer.
2 Couvrir et cuire à température élevée (*High*) environ 4 heures ou jusqu'à ce que les carottes soient cuites.

jarrets d'agneau aux pruneaux

RECETTES P106

carottes braisées

BŒUF TERIYAKI

Préparation 20 MINUTES ***Cuisson*** 4 HEURES ***Portions*** 6 ***Se congèle***

On conseille généralement de dorer la viande dans une poêle avant de la mettre à cuire à la mijoteuse. On rehausse ainsi les saveurs. Pas besoin dans ce cas-ci. La sauce étant très concentrée, elle rend la viande hyper savoureuse.

45 ml (3 c. à soupe) de cassonade
30 ml (2 c. à soupe) de fécule de maïs
125 ml (1/2 tasse) de bouillon de poulet
1 kg (2 lb) de steak de flanc, coupé en lanières d'environ 1/2 cm (1/4 po) dans le sens contraire du grain de la viande
125 ml (1/2 tasse) de ketchup
60 ml (1/4 tasse) de sauce soya
60 ml (1/4 tasse) de mirin
2 gousses d'ail, hachées finement
10 ml (2 c. à thé) de gingembre frais pelé et haché finement
2,5 ml (1/2 c. à thé) d'huile de sésame grillé
2,5 ml (1/2 c. à thé) de sambal œlek
Graines de sésame grillées
Sel et poivre

1 Dans la mijoteuse, bien mélanger la cassonade, la fécule de maïs et le bouillon. Ajouter le reste des ingrédients et bien mélanger.

2 Couvrir et cuire à basse température (*Low*) 4 heures. Saler et poivrer.

3 Servir sur du riz au jasmin ou des vermicelles de riz. Parsemer de graines de sésame grillées.

MIJOTÉ DE VEAU AU PORTO

Préparation 20 MINUTES ***Cuisson*** 8 HEURES ***Portions*** 6 ***Se congèle***

Servi avec une bonne purée (pommes de terre, chou-fleur ou céleri rave) et des carottes de couleur, c'est simple et chic. Pas gênant de recevoir avec ça!

1 rôti d'épaule de veau désossé d'environ 1,4 kg (3 lb), non ficelé
15 ml (1 c. à soupe) d'huile d'olive
4 tranches de bacon, émincées
375 ml (1 1/2 tasse) de porto
750 ml (3 tasses) de petits oignons blancs perlés, pelés
1 gousse d'ail, hachée finement
4 branches de thym frais
Sel et poivre

1 Dans une grande poêle, dorer le rôti dans l'huile. Saler et poivrer. Ajouter le bacon à mi-cuisson et faire revenir jusqu'à ce qu'il soit doré. Déposer le rôti et le bacon dans la mijoteuse.

2 Déglacer la poêle avec le porto et transvider dans la mijoteuse. Ajouter les oignons, l'ail et le thym. Couvrir et cuire à basse température (*Low*) 8 heures. La viande doit se défaire à la fourchette. Rectifier l'assaisonnement. Servir avec une purée de pommes de terre.

POITRINE DE DINDE À L'ORANGE ET AU MIEL

Préparation 30 MINUTES *Cuisson* 7 HEURES *Portions* 8 *Se congèle*

Je ne compte plus le nombre de recettes de poitrines de dinde différentes que j'ai pu faire dans ma vie. Je ne m'en lasse pas. J'apprécie la simplicité des poitrines: pas de perte, pas de désossage, de belles tranches à servir. Pour recevoir autrement à Noël ou à l'Action de grâce sans se casser la tête.

1 rôti de poitrine de dinde de 1,8 kg (4 lb) avec ou sans la peau, ficelé (deux demi-poitrines)
45 ml (3 c. à soupe) de beurre
3 échalotes françaises, hachées
3 gousses d'ail, hachées
30 ml (2 c. à soupe) de farine tout usage
250 ml (1 tasse) de bouillon de poulet
250 ml (1 tasse) de jus d'orange
180 ml (3/4 tasse) de miel
1 orange, le zeste râpé seulement
5 ml (1 c. à thé) de gingembre frais pelé et haché
Sel et poivre

1 Dans une grande poêle, bien dorer le rôti de dinde dans le beurre de tous les côtés. Saler et poivrer. Placer le rôti dans la mijoteuse.
2 Dans la même poêle, attendrir les échalotes et l'ail. Saupoudrer de farine et bien mélanger. Ajouter le bouillon et porter à ébullition en remuant. Transvider dans la mijoteuse et ajouter le reste des ingrédients. Saler et poivrer.
3 Couvrir et cuire à basse température (*Low*) 7 heures. Trancher la dinde et napper du jus de cuisson. Accompagner d'une purée de pommes de terre ou d'un mélange de riz à grains longs et de riz sauvage et d'un légume vert au choix.

poitrine de dinde
à l'orange et au miel

RECETTE P113

WARM OUI

LAPIN BRAISÉ AU VIN ROUGE ET À LA PANCETTA

Préparation 25 MINUTES **Cuisson** 4 HEURES **Portions** 4 À 6 **Se congèle**

6 cuisses de lapin ou un lapin entier, coupé en 6 morceaux
30 ml (2 c. à soupe) de beurre
1 oignon, haché
150 g (5 oz) de tranches de pancetta d'environ 1/2 cm (1/4 po) d'épaisseur, coupées en lardons
30 ml (2 c. à soupe) de farine tout usage
250 ml (1 tasse) de vin rouge
250 ml (1 tasse) de bouillon de poulet
2 carottes, pelées et tranchées ou coupées en dés
15 ml (1 c. à soupe) de pâte de tomates
1 branche de thym frais
375 ml (1 1/2 tasse) de tomates cerises coupées en deux
60 ml (1/4 tasse) de persil plat ciselé grossièrement
Sel et poivre

1 Dans une poêle, dorer les cuisses de lapin dans le beurre. Saler et poivrer. Transvider dans la mijoteuse.
2 Dans la même poêle, dorer l'oignon et la pancetta. Saupoudrer de farine et cuire 1 minute en remuant. Déglacer avec le vin rouge et porter à ébullition en remuant. Transvider dans la mijoteuse et ajouter le bouillon, les carottes, la pâte de tomates et le thym.
3 Couvrir et cuire à basse température (*Low*) 4 heures. Ajouter le reste des ingrédients et rectifier l'assaisonnement.
4 Servir avec une purée de pommes de terre ou des nouilles au beurre. On peut aussi désosser la viande et la mélanger avec des tagliatelles et la sauce.

COQ AU VIN

Préparation 30 MINUTES ***Cuisson*** 4 HEURES ***Portions*** 4 À 6 ***Se congèle***

On conseille de retirer la peau des volailles avant de les cuire à la mijoteuse puisqu'elle n'en ressort jamais colorée et n'est donc pas très appétissante. Si on la conserve, c'est uniquement pour la saveur que son gras donne à la viande. On l'enlève avant de servir, simplement.

6 cuisses de poulet sans la peau (ou 1 gros poulet coupé en morceaux)
30 ml (2 c. à soupe) d'huile d'olive
6 tranches de bacon d'environ 1/2 cm (1/4 po) d'épaisseur, coupées en lardons
1 oignon, haché
227 g (8 oz) de champignons blancs, coupés en deux
2 gousses d'ail, hachées
30 ml (2 c. à soupe) de pâte de tomates
30 ml (2 c. à soupe) de farine tout usage
375 ml (1 1/2 tasse) de vin rouge
Sel et poivre

1 Dans une grande poêle, dorer les cuisses de poulet dans l'huile. Saler et poivrer. Transvider dans la mijoteuse.
2 Dans la même poêle, dorer le bacon. Ajouter l'oignon, les champignons et faire revenir jusqu'à ce qu'ils soient dorés. Ajouter l'ail, la pâte de tomates et cuire 1 minute. Saupoudrer de farine et bien mélanger. Ajouter le vin et porter à ébullition en remuant. Transvider dans la mijoteuse. Saler et poivrer.
3 Couvrir et cuire à basse température (*Low*) 4 heures. Servir avec du riz ou une purée de chou-fleur ou de pommes de terre.

NAVARIN D'AGNEAU

Préparation 20 MINUTES ***Cuisson*** 6 HEURES ***Portions*** 6 ***Se congèle***

Un classique français que j'ai remis à mon menu grâce à la mijoteuse.

45 ml (3 c. à soupe) de farine tout usage
1 kg (2 lb) d'épaule d'agneau désossée, dégraissée et coupée en gros cubes
24 oignons perlés, pelés
60 ml (1/4 tasse) de beurre
250 ml (1 tasse) de vin blanc
12 carottes nantaises ou petites carottes, pelées
4 pommes de terre rouges, coupées en deux
750 ml (3 tasses) de bouillon de poulet
30 ml (2 c. à soupe) de pâte de tomates
3 branches de thym frais
500 ml (2 tasses) de petits pois surgelés, décongelés
Sel et poivre

1 Dans un bol, fariner la viande. Réserver.
2 Dans une grande poêle, dorer les oignons dans la moitié du beurre. Saler et poivrer. Transvider dans la mijoteuse.
3 Dans la même poêle, dorer la viande dans le reste du beurre. Saler et poivrer. Déglacer avec le vin et porter à ébullition en remuant. Transvider dans la mijoteuse et ajouter les carottes, les pommes de terre, le bouillon, la pâte de tomates et le thym. Mélanger. S'assurer que les pommes de terre sont submergées pour éviter leur noircissement.
4 Couvrir et cuire à basse température (*Low*) 6 heures. Ajouter les petits pois et poursuivre la cuisson environ 5 minutes. Si la mijoteuse se trouve en mode réchaud (*Warm*), il faudra la régler à température élevée (*High*) pour poursuivre la cuisson des pois. Retirer les branches de thym. Rectifier l'assaisonnement. Si désiré, accompagner de moutarde à l'ancienne.

MERG
AGNE
BISC
LAPI
CER
CAN
CIR

la boucherie

LES MEILLEURES PIÈCES DE VIANDE À LA MIJOTEUSE

BOUCHER FRÉDÉRIC BOILEAU, BOUCHERIE CHAMPFLEURI INC.

+++ Dans les grottes de Lascaux, on aurait retrouvé des dessins représentant des hommes des cavernes cuisant la viande de mammouth à la mijoteuse... Farce à part, il est vrai que depuis des siècles, on fait cuire la viande dans de gros chaudrons au-dessus du feu où elle mijote des heures durant. Il n'y a rien de sorcier là-dedans. L'idée de mijoter la viande existe depuis que l'homme a des dents et aime les garder intactes.

ATTENDRIR - UN DES GRANDS AVANTAGES DE LA MIJOTEUSE, C'EST QU'ELLE RÉUNIT LES CONDITIONS IDÉALES POUR ATTENDRIR DES COUPES DE VIANDE PLUS DURES. UNE CUISSON À BASSE TEMPÉRATURE AVEC UNE CHALEUR HUMIDE FAVORISE LA TRANSFORMATION DU COLLAGÈNE EN GÉLATINE. C'EST AUSSI POURQUOI LA CUISSON À BASSE TEMPÉRATURE (*LOW*) PRODUIT DES VIANDES BEAUCOUP PLUS TENDRES QUE LA CUISSON À RÉGLAGE ÉLEVÉ (*HIGH*). ET LA BEAUTÉ DANS TOUT ÇA, C'EST QUE LES VIANDES PLUS CORIACES SONT LES MOINS COÛTEUSES. **COUPES PARFAITES -** TOUTES LES COUPES DE VIANDE NE CONVIENNENT PAS À LA MIJOTEUSE. LES PIÈCES PEU TENDRES AU DÉPART SONT PARFAITES BRAISÉES OU MIJOTÉES LENTEMENT. POUR LES PIÈCES QUI PROVIENNENT DES PARTIES LES PLUS TENDRES, VAUT MIEUX LES GRILLER, LES SAUTER OU LES RÔTIR QUE DE LES CUIRE À LA MIJOTEUSE. ELLES PEUVENT DURCIR ET LE RÉSULTAT SERA TRÈS DÉCEVANT.

16,95
40,99
65,99
49,99
9.59$/KG
7.95$/KG
Pintade 15,95
Faisan 23,89$
Hoisin
Soya
citron

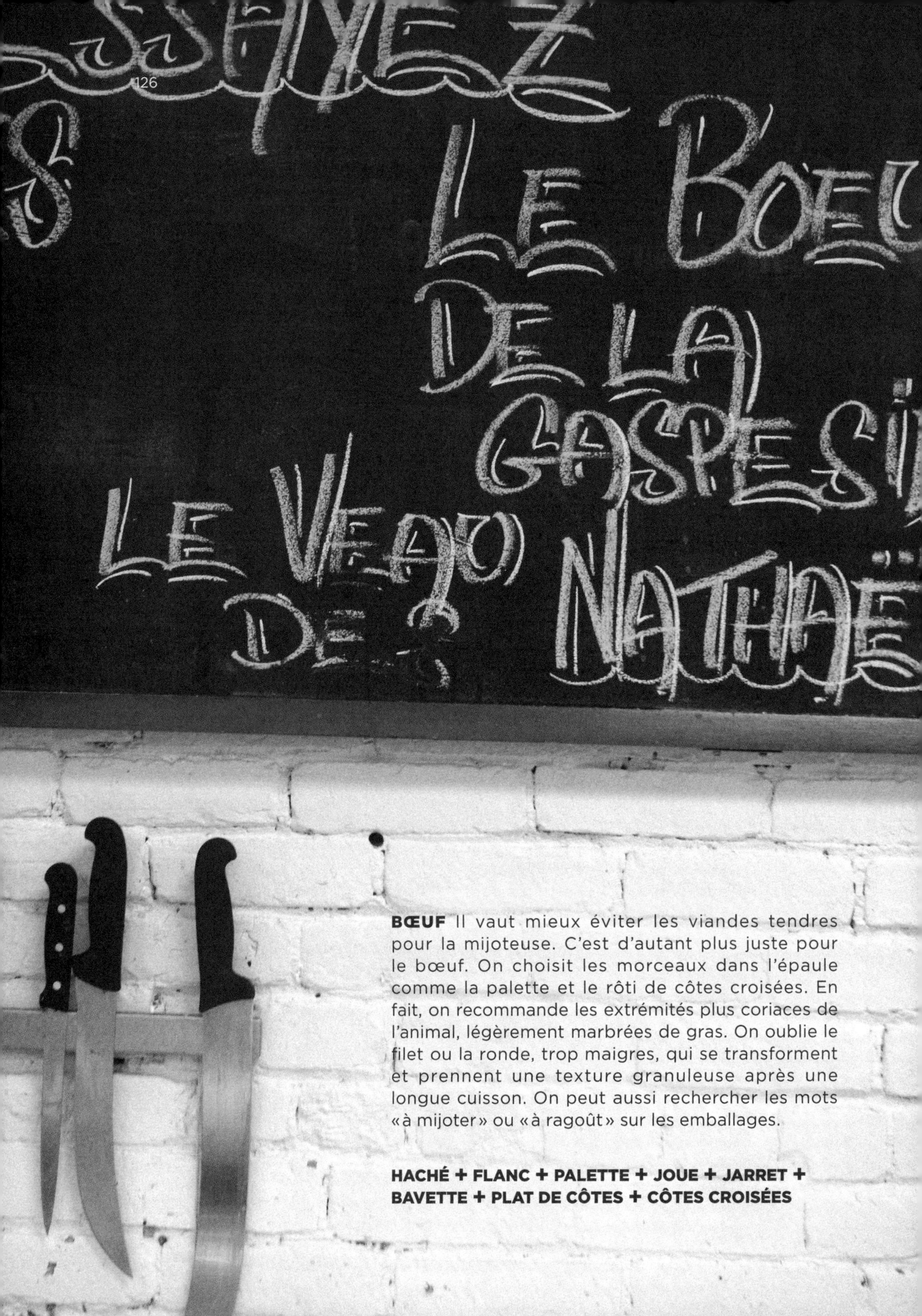

BŒUF Il vaut mieux éviter les viandes tendres pour la mijoteuse. C'est d'autant plus juste pour le bœuf. On choisit les morceaux dans l'épaule comme la palette et le rôti de côtes croisées. En fait, on recommande les extrémités plus coriaces de l'animal, légèrement marbrées de gras. On oublie le filet ou la ronde, trop maigres, qui se transforment et prennent une texture granuleuse après une longue cuisson. On peut aussi rechercher les mots «à mijoter» ou «à ragoût» sur les emballages.

HACHÉ + FLANC + PALETTE + JOUE + JARRET + BAVETTE + PLAT DE CÔTES + CÔTES CROISÉES

le bœuf

palette

bavette

flanc

l'agneau

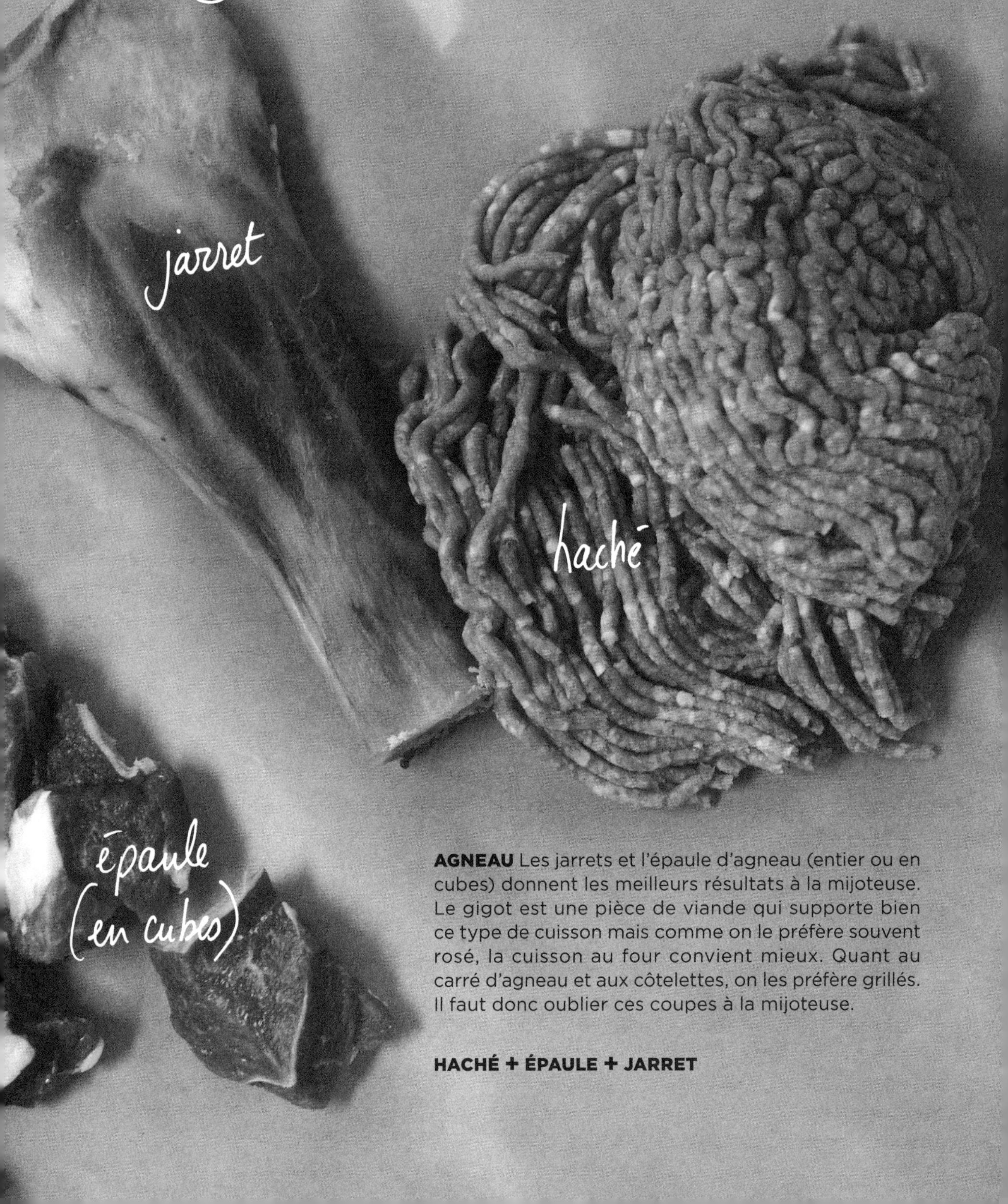

jarret

haché

épaule (en cubes)

AGNEAU Les jarrets et l'épaule d'agneau (entier ou en cubes) donnent les meilleurs résultats à la mijoteuse. Le gigot est une pièce de viande qui supporte bien ce type de cuisson mais comme on le préfère souvent rosé, la cuisson au four convient mieux. Quant au carré d'agneau et aux côtelettes, on les préfère grillés. Il faut donc oublier ces coupes à la mijoteuse.

HACHÉ + ÉPAULE + JARRET

le veau

VEAU Tout comme le bœuf, on conseille les coupes plus coriaces situées aux extrémités de l'animal. Le collagène de la joue, du jarret (ossu buco) et de la palette se transforme en gélatine pendant la longue cuisson. Le résultat fond en bouche. La saveur est un peu plus douce que le bœuf. On évite les coupes situées au centre de l'animal, comme la longe et le contre-filet. Le flanc fait exception. Sa chair s'attendrit à la mijoteuse.

HACHÉ + JOUE + PALETTE + JARRET TRANCHÉ (OSSO BUCO) + FLANC

osso buco

Joues

le porc

côtes levées

osso buco

PORC C'est avec le rôti d'épaule de porc qu'on a souvent les résultats les plus impressionnants. La viande s'effiloche en filaments moelleux que l'on mélange à la sauce. Quant aux côtes levées (de dos), elles sont parfaites pour la cuisson à la mijoteuse. Elle nous évite l'étape de faire bouillir la viande. On passe directement à la cuisson au barbecue, nécessaire pour la saveur recherchée. Si vous trouvez de la joue de porc (voire de bœuf ou de veau) profitez-en. La cuisson longue la transforme en une viande très tendre.

HACHÉ + JAMBON + ÉPAULE + CÔTES LEVÉES + JARRET (OSSO BUCO) + LARD SALÉ

LARD
SALE
$12.99/

la volaille

cuisse de canard

poitrine de dinde

pilons

VOLAILLE La viande brune est préférable à la viande blanche. Elle a moins tendance à s'assécher. Exceptionnellement, la poitrine de dindon, beaucoup plus grosse, tolère bien ce genre de cuisson. Dans la plupart de nos recettes, nous suggérons de retirer la peau avant puisqu'il n'y a pas de brunissement avec ce mode de cuisson. Si vous préférez la conserver pour ajouter de la saveur à vos plats, il suffit de la retirer avant de servir.

AILE + HAUT DE CUISSE + POITRINE DE DINDON + CUISSE DE POULET, DE CANARD, DE DINDON + PILON

La mijoteuse peut vous aider à recevoir un compliment convoité lorsque vous faites cuire de la viande : « Ça se coupe à la fourchette… même pas besoin de couteau ! » Et là, vous pourrez ajouter « C'est sûr que lorsqu'on paie 40 $ le kilo pour du boeuf, ça fait la différence. » Bon, nous on le sait que c'est en fait un morceau de palette à 10 $, mais promis, on ne le dira à personne. +++

la mijoteuse

à la cabane à sucre

La cabane à sucre, c'est comme la mijoteuse. Il y a deux camps: les «pro-cabanes» et les «anti-cabanes». Je fais partie des «pro-cabanes». J'adore y aller une fois par année. Pour moi, le printemps n'est pas synonyme de bourgeons et de petits oiseaux mais plutôt de fèves au lard et de grands-pères dans le sirop. Pour ce qui est des «anti-cabanes», je sais qu'au plus profond de vous, il y a un fan de cabane à sucre qui sommeille. Vous n'avez tout simplement pas encore trouvé «votre» cabane. Trop grosse, trop loin... Sachez que lorsqu'on la trouve enfin, ça devient un véritable pèlerinage. Une fois par année, on jeûne pendant deux jours avant d'y aller pour se garder de la place pour la soupe aux pois, le jambon et la tire sur la neige. Si vous êtes de ceux pour qui le temps des sucres n'arrive jamais assez vite, sortez votre mijoteuse. Grâce à elle, vous pourrez vous régaler comme à la cabane dans le confort de votre maison.

recettes pour les fans de cabane

SOUPE AUX POIS

Préparation 20 MINUTES ***Cuisson*** 6 HEURES ***Portions*** 6
Se congèle

J'ai toujours vu ma mère faire tremper les pois et les frotter avec ses mains avant de faire sa soupe pour retirer les petites peaux dures qui recouvrent les pois. En voici une version qui demande un minimum de travail sans compromis sur le goût. On a choisi les pois cassés pour éviter l'opération de trempage et, du même coup, régler le cas des membranes qu'il faut retirer.

115 g (1/4 lb) de lard salé entrelardé sans la couenne, coupé en lardons
15 ml (1 c. à soupe) d'huile d'olive
1 gros oignon, haché finement
2 carottes, pelées et coupées en dés
2 branches de céleri, coupées en dés
375 ml (1 1/2 tasse) de pois cassés
1,5 litre (6 tasses) de bouillon de poulet
1 feuille de laurier
500 ml (2 tasses) de jambon cuit, coupé en dés ou défait en morceaux (facultatif)
Sel et poivre

1 Dans une grande poêle, dorer les lardons dans l'huile. Ajouter l'oignon et faire revenir jusqu'à ce qu'il soit tendre et translucide. Transvider dans la mijoteuse.

2 Ajouter les carottes, le céleri, les pois cassés, le bouillon et la feuille de laurier. Saler et poivrer.

3 Couvrir et cuire à basse température (*Low*) 6 heures (ou 8 heures pour une soupe plus crémeuse). Retirer la feuille de laurier et ajouter le jambon, si désiré. Rectifier l'assaisonnement.

RECETTE P.144

fèves au lard

FÈVES AU LARD

Préparation 15 MINUTES ***Trempage*** 12 HEURES ***Cuisson*** 10 HEURES
Rendement 1,5 LITRE (6 TASSES) ***Se congèle***

Bien des gens cuisent les fèves au lard au four pendant la nuit. Le grand avantage de les cuire à la mijoteuse: plus besoin de se lever pour les brasser. En plus, on utilise moins d'énergie que si le four est allumé toute la nuit. Au petit matin, on peut garder les fèves au lard sur réchaud (*Warm*) jusqu'au moment de les servir pour le brunch. Par contre, si vous ne voulez pas que votre pyjama sente les *beans*, mettez la mijoteuse dans le garage le temps de les faire cuire!

750 ml (3 tasses) de haricots blancs secs Navy
Eau de trempage
2 clous de girofle
1 oignon, pelé et coupé en deux
1,125 litre (4 1/2 tasses) de bouillon de poulet
125 ml (1/2 tasse) de sirop d'érable
115 g (1/4 lb) de lard salé entrelardé sans la couenne, coupé en dés
30 ml (2 c. à soupe) de mélasse
5 ml (1 c. à thé) de moutarde sèche
Sel

1 Placer les haricots dans un grand bol. Couvrir d'eau et faire tremper pendant une nuit à la température ambiante. Ajouter de l'eau au besoin afin que les haricots soient toujours bien couverts. Rincer et égoutter.

2 Piquer les clous de girofle dans l'oignon.

3 Dans la mijoteuse, mélanger tous les ingrédients. Couvrir et cuire à basse température (*Low*) 10 heures. Retirer l'oignon. Rectifier l'assaisonnement.

FÈVES

JAMBON À L'ÉRABLE ET À LA BIÈRE

WARM OUI

Préparation 15 MINUTES ***Cuisson*** 10 HEURES ***Portions*** 10
Se congèle

1 jambon fumé dans l'épaule avec os d'environ 3 kg (6 1/2 lb)
30 ml (2 c. à soupe) de moutarde de Dijon
3 à 4 clous de girofle
1 bouteille de 341 ml de bière blonde
180 ml (3/4 tasse) de sirop d'érable
Eau

1 Retirer le filet du jambon. Déposer le jambon dans la mijoteuse. Le badigeonner avec la moutarde et le piquer avec les clous de girofle.
2 Ajouter la bière et le sirop d'érable. Couvrir d'eau froide jusqu'à 5 cm (2 po) du rebord de la mijoteuse.
3 Couvrir et cuire à basse température (*Low*) environ 10 heures ou jusqu'à ce que le jambon se défasse à la fourchette. On peut retourner le jambon à la mi-cuisson.
4 Retirer le jambon de la mijoteuse puis l'émincer ou le défaire en morceaux. Conserver le jus de cuisson (reste environ 2,25 litres / 9 tasses) pour faire cuire des pommes de terre entières si désiré.

OMELETTE SOUFFLÉE

Préparation 15 MINUTES ***Cuisson*** 2 HEURES ***Portions*** 6

On pense toujours à la mijoteuse pour des plats cuits longtemps à basse température, mais elle peut donner des résultats étonnants pour d'autres recettes comme l'omelette soufflée. Il nous manque toujours de place dans le four pour préparer un repas de cabane. La mijoteuse est la solution.

60 ml (1/4 tasse) de farine tout usage non blanchie
5 ml (1 c. à thé) de poudre à pâte
2,5 ml (1/2 c. à thé) de sel
10 œufs
375 ml (1 1/2 tasse) de lait
Poivre

1 Beurrer l'intérieur de la mijoteuse.

2 Dans un bol, mélanger la farine, la poudre à pâte et le sel. Ajouter les œufs et bien mélanger à l'aide d'un fouet jusqu'à ce que la préparation soit homogène. Incorporer le lait. Poivrer.

3 Transvider dans la mijoteuse. Couvrir et cuire à basse température (*Low*) environ 2 heures ou jusqu'à ce que l'omelette soit bien gonflée.

4 On peut conserver l'omelette au mode réchaud (*Warm*) environ 1 heure à couvert. Servir immédiatement une fois le couvercle retiré. L'omelette dégonfle rapidement.

POTAGE À LA COURGE BUTTERNUT À L'ÉRABLE

Préparation 30 MINUTES *Cuisson* 4 HEURES *Portions* 4 À 6 *Se congèle*

Ce potage met en valeur deux des produits-vedettes du temps des sucres: le porc (bacon) et l'érable. Pour une touche contemporaine au temps des sucres.

Potage
1,5 litre (6 tasses) de courge Butternut pelée et coupée en cubes
875 ml (3 1/2 tasses) de bouillon de poulet
60 ml (1/4 tasse) de sirop d'érable
1 oignon, haché
Une pincée de muscade moulue
Une pincée de gingembre moulu
Sel et poivre

Croûtons au bacon
2 tranches de bacon, coupées en lardons
30 ml (2 c. à soupe) d'huile d'olive
2 tranches de pain blanc, coupées en dés

1 POUR LE POTAGE Dans la mijoteuse, mélanger tous les ingrédients. Saler et poivrer. Couvrir et cuire à basse température (*Low*) 4 heures. Au mélangeur, réduire la soupe en purée lisse en n'utilisant pas tout le jus de cuisson. En ajouter au besoin. Rectifier l'assaisonnement.

2 POUR LES CROÛTONS AU BACON Dans une poêle, dorer le bacon dans l'huile. Ajouter le pain et faire dorer en remuant fréquemment. Servir le potage à la courge à l'érable dans des bols et garnir de croûtons au bacon.

PORC BRAISÉ À L'ÉRABLE, PANAIS ET POMMES DE TERRE

Préparation 20 MINUTES *Cuisson* 9 HEURES *Portions* 6

Une vraie recette pour débutant. On met tout dans la mijoteuse et on attend 9 heures. Ça ne peut pas être plus simple! Le jus de citron est important pour le goût, mais surtout pour empêcher les panais de noircir.

500 ml (2 tasses) de cidre
180 ml (3/4 tasse) de sirop d'érable
30 ml (2 c. à soupe) de moutarde sèche
3 oignons, émincés
2 feuilles de laurier
1 rôti de porc dans l'épaule avec os d'environ 1,4 kg (3 lb), non ficelé
454 g (1 lb) de panais, pelés et coupés en deux dans le sens de la longueur
12 pommes de terre grelots rouges, entières
30 ml (2 c. à soupe) d'huile d'olive
15 ml (1 c. à soupe) de jus de citron
Sel et poivre

1 Dans la mijoteuse, mélanger le cidre, le sirop d'érable et la moutarde. Ajouter les oignons et le laurier. Y déposer le rôti en l'enfouissant dans les oignons. Saler et poivrer.
2 Dans un bol, mélanger le panais et les pommes de terre avec l'huile et le jus de citron. Saler et poivrer. Répartir les légumes sur la viande.
3 Couvrir et cuire à basse température (*Low*) 9 heures. La viande doit se défaire à la fourchette.

pouding chômeur au sirop d'érable

RECETTE P156

POUDING CHÔMEUR AU SIROP D'ÉRABLE

Préparation 20 MINUTES ***Cuisson*** 2 HEURES ***Portions*** 8

Il n'y a pas de repas de cabane sans dessert à l'érable. Le pouding chômeur est facile à réussir à la mijoteuse. En fait, les desserts qui donnent de bons résultats cuits de cette façon sont ceux qui nécessitent de l'humidité. Un autre avantage d'y cuire les gâteaux-poudings de type «mouillés»: la sauce ne risque pas de déborder du moule et de coller au fond du four.

560 ml (2 1/4 tasses) de sirop d'érable (1 boîte)
500 ml (2 tasses) de crème 35 %
500 ml (2 tasses) de farine tout usage
5 ml (1 c. à thé) de poudre à pâte
1 ml (1/4 c. à thé) de bicarbonate de soude
1 ml (1/4 c. à thé) de sel
125 ml (1/2 tasse) de beurre non salé, ramolli
180 ml (3/4 tasse) de sucre
2,5 ml (1/2 c. à thé) d'extrait de vanille
2 œufs
180 ml (3/4 tasse) de lait

1 Dans une casserole, porter à ébullition le sirop et la crème. Verser dans la mijoteuse.

2 Dans un bol, mélanger la farine, la poudre à pâte, le bicarbonate et le sel. Réserver.

3 Dans un autre bol, crémer le beurre avec le sucre et la vanille au batteur électrique. Ajouter les œufs, un à la fois, et battre jusqu'à ce que le mélange soit homogène. À basse vitesse, incorporer les ingrédients secs en alternant avec le lait. À l'aide d'une cuillère à crème glacée ou d'une grosse cuillère, répartir la pâte sur le sirop chaud.

4 Placer un linge propre au-dessus du récipient de la mijoteuse sans toucher la pâte et y déposer le couvercle pour le tenir en place. Cette étape empêche que de l'eau se dépose à la surface du gâteau. Cuire à température élevée (*High*) 2 heures. Retirer le couvercle de la mijoteuse et laisser tiédir 15 minutes. Servir tiède ou froid.

la mijoteuse *végétarienne*

Oui, oui! Vous avez bien lu : des légumes à la mijoteuse! Là je sais que vous vous dites : « Ricardo va trop loin. Bientôt il va nous dire que la mijoteuse est bonne pour faire sécher le linge. » J'exagère à peine. Les viandes se pensaient les privilégiées de la mijoteuse ? Eh bien on peut faire des « accommodements raisonnables » et faire de la place aux légumes, au tofu et aux légumineuses. Je sais que pour certains, les mots « végétarien » et « savoureux » ne vont pas ensemble. Alors si on ajoute « mijoteuse » à l'équation, là ils sont complètement perdus. Prenez une chance de découvrir ou redécouvrir les plats végétariens grâce à la mijoteuse. Et si votre côté végé s'accompagne d'un côté écolo, vous pourrez vous vanter que la mijoteuse n'utilise pas plus de courant qu'une ampoule de 100 watts.

recettes pour les végé et les pas trop végé

LOW
HIGH
WARM
TEMP
CYCLE
START
STOP

HARICOTS ROUGES À LA JAMAÏCAINE

Préparation 30 MINUTES ***Cuisson*** 4 HEURES ***Portions*** 4

On connaît bien les haricots rouges, les patates douces et le lait de coco. La combinaison des trois crée quelque chose de vraiment intéressant. Dans cette recette, on choisit les haricots rouges en conserve parce que la cuisson des patates douces est assez rapide. Si on les cuit trop, elles se défont complètement.

1 boîte de 398 ml (14 oz) de lait de coco
5 ml (1 c. à thé) de fécule de maïs
1 oignon, haché finement
30 ml (2 c. à soupe) d'huile d'olive
1 piment jalapeño, épépiné ou non et haché finement
4 gousses d'ail, hachées finement
500 ml (2 tasses) de patates douces pelées et coupées en gros cubes
2 carottes, pelées et coupées en fines rondelles
1 boîte de 540 ml (19 oz) de haricots rouges, rincés et égouttés
1 boîte de 398 ml (14 oz) de tomates en dés
1 poivron rouge, épépiné et coupé en cubes
10 ml (2 c. à thé) d'épices cajuns
5 ml (1 c. à thé) de gingembre frais pelé et haché finement
125 ml (1/2 tasse) de coriandre fraîche ciselée
Sel et poivre

1 Dans la mijoteuse, mélanger le lait de coco et la fécule de maïs à l'aide d'un fouet.
2 Dans une poêle, dorer l'oignon dans l'huile. Ajouter le piment, l'ail et poursuivre la cuisson 1 minute. Transvider dans la mijoteuse et ajouter le reste des ingrédients à l'exception de la coriandre. Saler et poivrer.
3 Couvrir et cuire à basse température (*Low*) 4 heures. Rectifier l'assaisonnement.
4 Servir sur du riz et parsemer de coriandre.

SOUPE AUX LÉGUMES

Préparation 20 MINUTES ***Cuisson*** 8 HEURES ***Portions*** 6 À 8 ***Se congèle***

Dans un monde où tout va vite et que la simple préparation d'une soupe est trop longue, vive la mijoteuse! Grâce à elle, on peut rentrer chez soi et avoir une bonne soupe maison prête à servir. Un concentré de vitamines et de saveurs tellement simple à préparer.

1,5 litre (6 tasses) de chou vert coupé en cubes
1,5 litre (6 tasses) de bouillon de légumes
1 boîte de 796 ml (28 oz) de tomates en dés
4 carottes, pelées et coupées en dés
4 branches de céleri, coupées en dés
6 oignons verts, émincés
2 gousses d'ail, hachées finement
2,5 ml (1/2 c. à thé) de sel de céleri
Sel et poivre

1 Dans la mijoteuse, mélanger tous les ingrédients. Saler et poivrer.

2 Couvrir et cuire à basse température (*Low*) 8 heures. Rectifier l'assaisonnement. Garnir d'herbes si désiré.

RECETTE P166

ragoût de lentilles
et œufs pochés

RAGOÛT DE LENTILLES ET ŒUFS POCHÉS

Préparation 20 MINUTES *Cuisson* 4 H 20 *Portions* 4

On cherche souvent des façons de manger des légumineuses. En voici une. Parfait aussi pour le brunch.

250 ml (1 tasse) de lentilles vertes sèches, rincées et égouttées
500 ml (2 tasses) de bouillon de légumes
1 boîte de 398 ml (14 oz) de tomates concassées ou en dés
1 poivron jaune, épépiné et coupé en dés
4 oignons verts, émincés
1 piment jalapeño, épépiné et haché finement
1 gousse d'ail, hachée finement
15 ml (1 c. à soupe) de paprika
4 œufs
750 ml (3 tasses) de bébé roquette
Sel et poivre

1 Dans la mijoteuse, mélanger les lentilles avec le bouillon, les tomates, le poivron, les oignons verts, le piment, l'ail et le paprika. Saler et poivrer.
2 Couvrir et cuire à basse température (*Low*) 4 heures. Rectifier l'assaisonnement.
3 À l'aide d'une cuillère ou d'une louche, creuser quatre puits dans le mélange de lentilles cuites. Casser un œuf dans chaque puits. Saler et poivrer. Couvrir et poursuivre la cuisson de 15 à 20 minutes ou jusqu'à ce que le blanc des œufs soit cuit. Si la mijoteuse se trouve en mode réchaud (*Warm*), il faut la régler à haute température (*High*) avant d'y casser les œufs. Servir avec la roquette.

CARI DE TOFU ET DE LÉGUMES

Préparation 30 MINUTES ***Cuisson*** 4 HEURES ***Portions*** 4

D'emblée, quand on pense mijoteuse, on pense viande. Ici, on vous prouve que ce n'est pas toujours le cas. Le tofu est un ingrédient caméléon. Il absorbe les saveurs que les autres ingrédients de la recette donnent au plat. Comme la cuisson est longue à la mijoteuse, le tofu a tout le temps de s'imprégner de toutes ces saveurs.

500 ml (2 tasses) de bouillon de légumes
30 ml (2 c. à soupe) de fécule de maïs
15 ml (1 c. à soupe) de poudre de cari
5 ml (1 c. à thé) de cumin moulu
5 ml (1 c. à thé) de coriandre moulue
5 ml (1 c. à thé) de curcuma moulu
454 g (1 lb) de tofu ferme, coupé en dés
30 ml (2 c. à soupe) d'huile d'olive
3 gousses d'ail, hachées finement
1 jalapeño, épépiné et haché finement
1 litre (4 tasses) de chou-fleur coupé en petits bouquets
1 boîte de 398 ml (14 oz) de pois chiches, rincés et égouttés
1 poivron rouge, épépiné et coupé en cubes
60 ml (1/4 tasse) de raisins de Corinthe
15 ml (1 c. à soupe) de gingembre frais pelé et haché finement
5 ml (1 c. à thé) de sambal œlek
Sel et poivre

1 Dans la mijoteuse, mélanger le bouillon et la moitié de la fécule à l'aide d'un fouet.
2 Dans un grand bol, mélanger le reste de la fécule avec les épices. Ajouter le tofu et bien enrober.
3 Dans une grande poêle, dorer le tofu dans l'huile. Saler et poivrer. Ajouter l'ail, le piment et poursuivre la cuisson 1 minute. Transvider dans la mijoteuse et ajouter le reste des ingrédients. Bien mélanger.
4 Couvrir et cuire à basse température (*Low*) 4 heures. Rectifier l'assaisonnement.
5 Servir avec du riz ou des vermicelles de riz.

RECETTE P167

cari de tofu et de légumes

QUESADILLAS DE HARICOTS NOIRS

Préparation 20 MINUTES *Cuisson* 8 HEURES *Portions* 4

Contrairement à la plupart des haricots, les noirs n'ont pas besoin de tremper avant la cuisson à la mijoteuse. Ils cuisent pendant que vous êtes au travail ou occupé à faire autre chose. À votre arrivée à la maison, il ne reste qu'à assembler et dorer les quesadillas à la poêle. Vous manquez de temps? Servez-les en garniture dans des tacos avec de la laitue ciselée, de la salsa, de la crème sure et du fromage râpé.

Garniture aux haricots noirs
250 ml (1 tasse) de haricots noirs secs, rincés et égouttés
375 ml (1 1/2 tasse) de bouillon de légumes
375 ml (1 1/2 tasse) de salsa du commerce
375 ml (1 1/2 tasse) de grains de maïs frais ou surgelés
125 ml (1/2 tasse) de coriandre fraîche ciselée
Sel et poivre

Quesadillas
8 grandes tortillas
1 litre (4 tasses) de fromage mozzarella râpé
30 ml (2 c. à soupe) d'huile d'olive
Crème sure, pour accompagner
Salsa du commerce, pour accompagner

1 POUR LA GARNITURE AUX HARICOTS NOIRS Dans la mijoteuse, mélanger les haricots, le bouillon et la salsa. Saler et poivrer.
2 Couvrir et cuire à basse température (*Low*) 8 heures (10 heures pour des haricots très tendres). Les haricots se gardent à réchaud (*Warm*) sans problème. Ajouter le maïs et poursuivre la cuisson, à couvert, de 5 à 10 minutes (selon qu'il est congelé ou frais) à basse température (*Low*) ou jusqu'à ce qu'il soit cuit. Si la préparation de haricots noirs a attendu à réchaud (*Warm*) plus de 1 heure, cuire le maïs à température élevée (*High*).
3 Égoutter la préparation dans un tamis si elle semble trop liquide (selon le type de mijoteuse). Rectifier l'assaisonnement.
4 POUR LES QUESADILLAS Étaler les tortillas sur un plan de travail. Déposer 45 ml (3 c. à soupe) de fromage sur une moitié de chaque tortilla. Y répartir la garniture aux haricots noirs, soit environ 125 ml (1/2 tasse) par tortillas et ajouter 45 ml (3 c. à soupe) de fromage. Refermer les tortillas en les repliant en deux. Presser légèrement.
5 Dans deux grandes poêles antiadhésives, dorer quatre quesadillas à la fois environ 3 minutes de chaque côté à feu doux dans l'huile. Couper en pointes et accompagner de crème sure et de salsa.

SOUPE DAHL

Préparation 20 MINUTES *Cuisson* 6 HEURES *Portions* 6 À 8 *Se congèle*

Pourquoi un mélange de lentilles rouges et vertes ? L'une éclate à la cuisson, l'autre demeure bien tendre. Le mélange de textures est parfait dans cette soupe. Prenez le temps de dorer les oignons et rôtir les épices avant de placer le tout à la mijoteuse. Cette étape est cruciale pour 100 % plus de saveurs!

3 oignons, hachés finement
45 ml (3 c. à soupe) de beurre
5 ml (1 c. à thé) de curcuma
5 ml (1 c. à thé) de cumin moulu
5 ml (1 c. à thé) de coriandre moulue
5 ml (1 c. à thé) de poudre de chili
1 ml (1/4 c. à thé) de cardamome moulue
1 ml (1/4 c. à thé) de poivre de Cayenne
3 gousses d'ail, hachées finement
1,75 litre (7 tasses) de bouillon de légumes
250 ml (1 tasse) de lentilles rouges, rincées
250 ml (1 tasse) de lentilles vertes, rincées
1 morceau de 2,5 cm (1 po) de gingembre frais, pelé
125 ml (1/2 tasse) de yogourt nature 10 %
125 ml (1/2 tasse) de coriandre fraîche ciselée
Quartiers de lime, pour accompagner
Sel et poivre

1 Dans une grande poêle, dorer légèrement les oignons dans le beurre. Saler et poivrer. Ajouter les épices, l'ail et cuire 1 minute en remuant. Déglacer avec 125 ml (1/2 tasse) de bouillon en grattant le fond de la poêle pour récupérer toutes les épices. Transvider dans la mijoteuse et ajouter le reste du bouillon, les lentilles et le gingembre. Saler et poivrer.

2 Couvrir et cuire à basse température (*Low*) 6 heures. Retirer le gingembre et rectifier l'assaisonnement. Ajouter du bouillon ou de l'eau au besoin.

3 Servir dans des bols. Garnir de yogourt et parsemer de coriandre. Accompagner d'un quartier de lime. Délicieux avec du pain naan.

RECETTE P177

couscous de légumes et pois chiches

COUSCOUS DE LÉGUMES ET POIS CHICHES

Préparation 30 MINUTES ***Cuisson*** 5 HEURES ***Portions*** 6

Du couscous à la mijoteuse? L'idée est de cuire des légumes et des pois chiches dans un bon bouillon une partie de la journée. Au moment de servir, il suffit de prendre du bouillon chaud directement de la mijoteuse pour faire gonfler le couscous pendant 5 minutes.

Mijoté de légumes
2 oignons, hachés
30 ml (2 c. à soupe) d'huile d'olive
2 gousses d'ail, hachées
5 ml (1 c. à thé) de curcuma moulu
5 ml (1 c. à thé) de cumin moulu
750 ml (3 tasses) d'eau
1 boîte de 398 ml (14 oz) de tomates en dés
1 boîte de 398 ml (14 oz) de pois chiches, rincés et égouttés
5 carottes, pelées et tranchées
2 rabioles, pelées et coupées en 6 quartiers chacune
2 poivrons de couleurs variées, épépinés et coupés en cubes
1 petit rutabaga, pelé et coupé en cubes
2 courgettes, coupées en demi-rondelles
15 ml (1 c. à soupe) de miel
15 ml (1 c. à soupe) de harissa
60 ml (1/4 tasse) de coriandre fraîche ciselée
Sel et poivre

Couscous
625 ml (2 1/2 tasses) de couscous moyen
15 ml (1 c. à soupe) d'huile d'olive

1 POUR LE MIJOTÉ DE LÉGUMES Dans une grande poêle, dorer les oignons dans l'huile. Ajouter l'ail, les épices et poursuivre la cuisson 1 minute. Transvider dans la mijoteuse et ajouter le reste des ingrédients à l'exception de la coriandre. Bien mélanger. Saler et poivrer. Couvrir et cuire à température élevée (*High*) 5 heures.

2 POUR LE COUSCOUS Au moment de servir, ajouter la coriandre dans la mijoteuse et mélanger. Prendre 625 ml (2 1/2 tasses) de jus de cuisson bouillant dans la mijoteuse et le verser dans un bol. Ajouter le couscous, l'huile et mélanger. Couvrir et laisser gonfler 5 minutes. Défaire le couscous à l'aide d'une fourchette.

3 Si la mijoteuse se trouve en mode réchaud (*Warm*), réchauffer le bouillon quelques minutes au four à micro-ondes avant de l'utiliser pour le couscous. Sinon le bouillon ne sera pas assez chaud pour le faire gonfler. Servir le couscous avec les légumes et les pois chiches.

STRATA AUX TOMATES SÉCHÉES ET AUX OLIVES

Préparation 30 MINUTES *Attente* 2 HEURES *Cuisson* 3 HEURES
Portions 4 À 6

Si vous aimez les frittatas, vous aimerez cette version italienne du pouding au pain salé. J'aurais eu tendance à ajouter du bon fromage râpé à la recette, mais la cuisson lente fait cailler le lait, et les fromages prennent une texture huileuse. Sauf quelques exceptions, on utilise à la mijoteuse du lait évaporé ou des fromages secs (le parmesan, par exemple) ou de type Velveeta.

6 œufs, légèrement battus
1 boîte de 370 ml (13 oz) de lait évaporé
125 ml (1/2 tasse) de crème 35 %
1,5 litre (6 tasses) de pain miche rassis coupé en cubes
125 ml (1/2 tasse) de tomates séchées dans l'huile, égouttées et hachées
125 ml (1/2 tasse) de ciboulette fraîche ciselée
125 ml (1/2 tasse) de fromage *parmigiano reggiano* râpé
60 ml (1/4 tasse) d'olives noires séchées dans l'huile, égouttées, dénoyautées et hachées
Sel et poivre

1 Dans un bol, mélanger les œufs avec le lait et la crème à l'aide d'un fouet. Ajouter le reste des ingrédients. Saler et poivrer. Bien mélanger. Laisser imbiber 2 heures ou toute une nuit au réfrigérateur.
2 Beurrer le récipient de la mijoteuse. Y verser la préparation aux œufs. Couvrir et cuire à basse température (*Low*) 3 heures. Accompagner d'une salade verte.

Sauce
Vége
Sauce
Vége

SAUCE À SPAGHETTI VÉGÉ

Préparation 40 MINUTES ***Cuisson*** 8 HEURES ***Rendement*** 3 LITRES (12 TASSES)
Se congèle

Quand on écrit du « sans-viande hachée » comme ingrédient dans une recette, ce n'est pas très vendeur, j'avoue. C'est cependant une belle source de protéines qui donne de la texture à la sauce. Il s'agit d'un produit à base de soya qui ressemble à du bœuf haché grillé et que l'on trouve à l'épicerie dans la section des fruits et légumes. On peut bien sûr le remplacer par de la viande hachée que l'on fera dorer en même temps que les oignons.

2 oignons, hachés finement
227 g (8 oz) de champignons blancs ou autres, hachés finement
45 ml (3 c. à soupe) d'huile d'olive
340 g (3/4 lb) de sans-viande hachée
30 ml (2 c. à soupe) de pâte de tomates
4 gousses d'ail, hachées finement
250 ml (1 tasse) de vin blanc
1 boîte de 796 ml (28 oz) de tomates en dés
750 ml (3 tasses) de sauce tomate maison ou du commerce
4 carottes, pelées et hachées finement
4 branches de céleri, hachées finement
2,5 ml (1/2 c. à thé) d'origan séché
2 feuilles de laurier
Sel et poivre

1 Dans une grande poêle, dorer les oignons et les champignons dans l'huile. Saler et poivrer. Ajouter le sans-viande hachée, la pâte de tomates, l'ail et poursuivre la cuisson 1 minute en remuant. Déglacer avec le vin. Transvider dans la mijoteuse et ajouter le reste des ingrédients. Bien mélanger. Saler et poivrer.

2 Couvrir et cuire à basse température (*Low*) 8 heures. Retirer les feuilles de laurier. Rectifier l'assaisonnement.

la mijoteuse
pour les desserts

Il arrive que l'on reçoive des gens à la maison et que, franchement, rendus au dessert, les sujets de conversation soient pas mal tous épuisés. Imaginez quand vous allez annoncer que vous avez fait un gâteau au fromage à la mijoteuse... Soit vous avez 20 minutes de conversation supplémentaires, soit ils se poussent en courant. Dans les deux cas, vous êtes sauvés! Finie la question de la hauteur de la grille ou du four qui ne chauffe pas à la bonne température. L'assurance suprême, dans ce cas, c'est la mijoteuse. Plus besoin de surveiller le pouding ou le gâteau au fromage, c'est toujours parfait. Ça sent bon, ça ne brûle pas, et le four est libre pour y cuire le plat principal.

recettes pour finir en beauté

Low
Off

BROWNIES

Préparation 15 MINUTES ***Cuisson*** 2 H 15 ***Refroidissement*** 1 HEURE
Portions 8 ***Se congèle***

Les desserts à la mijoteuse peuvent demander de l'ajustement la première fois. Selon la puissance de votre appareil, le contour des brownies peut trop cuire ou pas assez. Plus vous utiliserez votre mijoteuse, mieux vous la connaîtrez et meilleurs seront les résultats.

140 g (5 oz) de chocolat noir, haché
180 ml (3/4 tasse) de beurre non salé, coupé en cubes
250 ml (1 tasse) de sucre
2 œufs
5 ml (1 c. à thé) d'extrait de vanille
1 ml (1/4 c. à thé) de sel
125 ml (1/2 tasse) de farine tout usage
180 ml (3/4 tasse) de noix de Grenoble ou de pacanes, grillées et concassées (facultatif)

1 Beurrer le récipient de la mijoteuse et tapisser le fond d'une bande de papier parchemin en le laissant dépasser des deux côtés.
2 Dans un bol au-dessus d'un bain-marie ou au four à micro-ondes, fondre le chocolat avec le beurre. Retirer le bol du bain-marie et laisser tempérer. À l'aide d'un fouet, incorporer le sucre. Ajouter les œufs, la vanille et le sel. Ajouter la farine et mélanger environ 2 minutes. Ajouter les noix et transvider dans la mijoteuse.
3 Couvrir et cuire à basse température (*Low*) environ 2 h 15. Attention ici, le temps de cuisson peut varier d'une mijoteuse à l'autre. Les bordures du gâteau doivent être cuites et le centre doit être encore très fondant. Retirer le récipient de la mijoteuse. Laisser refroidir 1 heure à couvert. Retirer le couvercle. Servir tiède ou laisser refroidir complètement. Passer une fine lame tout autour du brownies et démouler.

RECETTE P186

brownies

RIZ AU LAIT

Préparation 10 MINUTES ***Cuisson*** 3 HEURES ***Réfrigération*** 4 HEURES
Portions 6

Quand j'étais jeune, ma mère faisait cette recette avec du lait, du riz ordinaire (étuvé) et des raisins. Elle le brassait longtemps. Avec la mijoteuse, plus besoin de brasser. On a changé le riz pour une variété à grains ronds et pour le rendre plus festif, on ajoute de la crème. Attention, cependant: selon les modèles, l'évaporation et la température varient. Vérifiez l'onctuosité et ajoutez du lait au pouding refroidi si sa consistance est trop épaisse.

1/2 gousse de vanille (ou 5 ml/1 c. à. thé d'extrait de vanille)
930 ml (3 3/4 tasses) de lait
180 ml (3/4 tasse) de riz arborio
250 ml (1 tasse) de crème 35 %
180 ml (3/4 tasse) de sucre

1 Fendre la demi-gousse de vanille en deux. À l'aide de la pointe d'un couteau, retirer les graines et les mettre dans la mijoteuse avec la gousse. Pour l'extrait de vanille, l'ajouter en fin de cuisson.
2 Ajouter le lait, le riz, 125 ml (1/2 tasse) de crème et le sucre.
3 Couvrir et cuire à basse température (*Low*) environ 3 heures ou jusqu'à ce que le riz soit tendre. Transvider dans un contenant hermétique et réfrigérer 4 heures ou toute une nuit. Retirer la gousse de vanille.
4 Dans un bol, fouetter le reste de la crème jusqu'à la formation de pics fermes. À l'aide d'une spatule, incorporer délicatement la crème au mélange de riz en pliant. Si la préparation semble encore trop épaisse, ajouter du lait au besoin.

GÂTEAU AU FROMAGE

Préparation 30 MINUTES *Cuisson* 1 H 30 *Refroidissement* 4 HEURES
Portions 4 *Le gâteau se congèle*

On se prive souvent de faire un gâteau au fromage parce qu'il donne 12 portions et qu'il faut en manger pendant deux semaines! Non seulement la cuisson à la mijoteuse assure une texture parfaite à ce gâteau, puisqu'il cuit comme dans un bain-marie (ce qui l'empêche de craquer), on en fait seulement quatre portions dans des ramequins. Au service, on ajoute un croustillant à base de chapelure Graham pour rappeler la croûte du gâteau classique, et on sert avec un concassé de fraises.

Gâteau au fromage
1 paquet de 250 g (8 oz) de fromage à la crème, ramolli
75 ml (1/3 tasse) de sucre
1 œuf
60 ml (1/4 tasse) de crème 35 %
5 ml (1 c. à thé) d'extrait de vanille

Croustillant
125 ml (1/2 tasse) de chapelure de biscuits Graham
60 ml (1/4 tasse) de farine tout usage
30 ml (2 c. à soupe) de cassonade
60 ml (1/4 tasse) de beurre non salé, ramolli

Fraises
250 ml (1 tasse) de fraises coupées en dés
15 ml (1 c. à soupe) de sucre

1 POUR LE GÂTEAU AU FROMAGE Tapisser le fond de la mijoteuse avec un linge propre pour empêcher les ramequins de claquer.
2 Au robot culinaire, mélanger tous les ingrédients jusqu'à ce que le mélange soit lisse et homogène. Répartir dans quatre ramequins d'une contenance de 125 ml (1/2 tasse). Déposer les ramequins dans la mijoteuse et verser de l'eau chaude dans le récipient jusqu'à la moitié des ramequins.
3 Couvrir et cuire à basse température (*Low*) de 1 h 15 à 1 h 30 ou jusqu'à ce qu'ils soient fermes et légèrement gonflés. Retirer les ramequins de la mijoteuse et laisser tiédir. Couvrir d'une pellicule de plastique. Réfrigérer au moins 4 heures ou jusqu'à refroidissement complet.
4 POUR LE CROUSTILLANT Placer la grille au centre du four. Préchauffer le four à 180 °C (350 °F). Tapisser une plaque de cuisson de papier parchemin.
5 Dans un bol, mélanger tous les ingrédients secs et ajouter le beurre. Mélanger jusqu'à ce que le mélange soit granuleux. Avec les doigts, laisser tomber la pâte en petits morceaux sur la plaque. Cuire au four environ 15 minutes ou jusqu'à ce que le croustillant soit doré, en le remuant deux fois pendant la cuisson. Laisser refroidir.
6 POUR LES FRAISES Mélanger les fraises avec le sucre. Laisser macérer 5 minutes.
7 Au moment de servir, garnir chaque ramequin de croustillant et de fraises.

POUDING AU CITRON

Préparation 20 MINUTES ***Cuisson*** 3 HEURES ***Portions*** 8

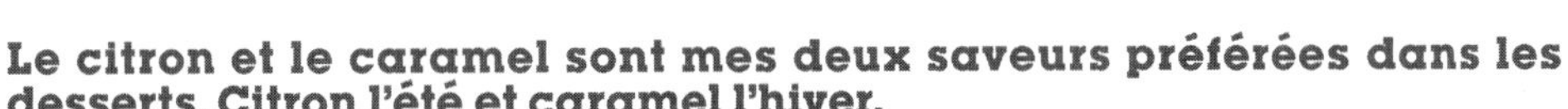

Le citron et le caramel sont mes deux saveurs préférées dans les desserts. Citron l'été et caramel l'hiver.

Garniture au citron
375 ml (1 1/2 tasse) de sucre
20 ml (4 c. à thé) de fécule de maïs
2 œufs
60 ml (1/4 tasse) de beurre non salé, fondu
375 ml (1 1/2 tasse) d'eau
180 ml (3/4 tasse) de jus de citron

Pâte
375 ml (1 1/2 tasse) de farine tout usage
10 ml (2 c. à thé) de poudre à pâte
Une pincée de sel
125 ml (1/2 tasse) d'huile de canola
125 ml (1/2 tasse) de sucre
1 citron, le zeste râpé seulement
2 œufs
125 ml (1/2 tasse) de lait

1 POUR LA GARNITURE AU CITRON Dans la mijoteuse, bien mélanger le sucre et la fécule. Incorporer les œufs et le beurre fondu à l'aide d'un fouet. Ajouter l'eau, le jus de citron et mélanger jusqu'à ce que la préparation soit homogène.

2 POUR LA PÂTE Dans un bol, mélanger la farine, la poudre à pâte et le sel. Réserver.

3 Dans un autre bol, mélanger l'huile avec le sucre et le zeste de citron au batteur électrique. Ajouter les œufs, un à la fois, et battre jusqu'à ce que la préparation soit homogène. À basse vitesse, incorporer les ingrédients secs en alternant avec le lait. À l'aide d'une cuillère à crème glacée ou d'une grosse cuillère, répartir la pâte en huit grosses boules sur la sauce.

4 Placer un linge propre au-dessus du récipient de la mijoteuse sans toucher la pâte et y déposer le couvercle pour le tenir en place. Cette étape empêche que de l'eau se dépose à la surface du gâteau. Cuire à température élevée (*High*) 3 heures. Retirer le couvercle et laisser tiédir 30 minutes. Servir tiède ou froid.

RECETTE P192

gâteau au fromage

pouding au chocolat

RECETTE P199

POUDING AU CHOCOLAT

WARM NON

Préparation 30 MINUTES ***Cuisson*** 2 HEURES ***Portions*** 8

Cochon! Quand je reçois, mon four est souvent occupé par le plat principal. La mijoteuse vient à ma rescousse pour ce pouding que j'aime servir chaud.

Sauce
560 ml (2 1/4 tasses) de cassonade
125 ml (1/2 tasse) de cacao, tamisé
15 ml (1 c. à soupe) de fécule de maïs
115 g (4 oz) de chocolat noir, haché grossièrement
375 ml (1 1/2 tasse) d'eau
375 ml (1 1/2 tasse) de crème 35 %, 15 % ou 5 % à cuisson
2,5 ml (1/2 c. à thé) d'extrait de vanille

Gâteau
375 ml (1 1/2 tasse) de farine tout usage
2,5 ml (1/2 c. à thé) de poudre à pâte
2,5 ml (1/2 c. à thé) de bicarbonate de soude
Une pincée de sel
180 ml (3/4 tasse) de beurre non salé, ramolli
250 ml (1 tasse) de sucre
75 ml (1/3 tasse) de cacao, tamisé
1 œuf
1 jaune d'œuf
180 ml (3/4 tasse) de lait

1 POUR LA SAUCE Dans une casserole, mélanger la cassonade, le cacao et la fécule. Ajouter le reste des ingrédients. Porter à ébullition en remuant à l'aide d'un fouet et laisser mijoter 10 secondes. Transvider dans la mijoteuse.

2 POUR LE GÂTEAU Dans un bol, mélanger la farine, la poudre à pâte, le bicarbonate et le sel. Réserver.

3 Dans un autre bol, crémer le beurre avec le sucre et le cacao au batteur électrique. Ajouter les œufs et battre jusqu'à ce que le mélange soit homogène. À basse vitesse, incorporer les ingrédients secs en alternant avec le lait. À l'aide d'une cuillère à crème glacée ou d'une grosse cuillère, répartir la pâte sur la sauce au chocolat chaude.

4 Placer un linge propre au-dessus du récipient de la mijoteuse sans toucher la pâte et y déposer le couvercle pour le tenir en place. Cette étape empêche que de l'eau se dépose à la surface du gâteau.

5 Cuire à température élevée (*High*) 2 heures. Retirer le récipient de la mijoteuse. Retirer le couvercle et laisser reposer 15 minutes. Servir chaud ou froid. Réchauffer au besoin.

RECETTE P203

crème brûlée

CRÈME BRÛLÉE

Préparation 10 MINUTES ***Cuisson*** 2 HEURES ***Refroidissement*** 4 HEURES
Portions 4

Ce ne sont pas tous les desserts qu'on peut réussir à la mijoteuse. Ceux qui nécessitent une cuisson au bain-marie sont de bons candidats. C'est le meilleur environnement pour la cuisson du gâteau au fromage, de la crème caramel et de la crème brûlée.

4 jaunes d'œufs
75 ml (1/3 tasse) de sucre
1/2 gousse de vanille, les graines seulement ou 2,5 ml (1/2 c. à thé) d'extrait de vanille
375 ml (1 1/2 tasse) de crème 35 % (ou 15 % à cuisson)
Sucre pour caraméliser

1 Tapisser le fond de la mijoteuse avec un linge propre pour empêcher les ramequins de claquer.

2 Dans un bol, mélanger les jaunes d'œufs, le sucre et les graines de vanille à l'aide d'un fouet. Ajouter la crème et bien mélanger.

3 Verser dans quatre ramequins d'une contenance de 125 ml (1/2 tasse). Déposer les ramequins dans la mijoteuse. Verser de l'eau chaude jusqu'à la mi-hauteur des ramequins.

4 Couvrir et cuire à basse température (*Low*) 2 heures ou jusqu'à ce que la crème soit prise. Le centre doit être encore légèrement tremblotant. Retirer les ramequins de la mijoteuse et laisser tiédir. Couvrir d'une pellicule de plastique. Réfrigérer au moins 4 heures ou jusqu'à refroidissement complet.

5 Au moment de servir, saupoudrer d'une fine couche de sucre et caraméliser rapidement à l'aide d'une torche de cuisine ou à souder. Servir immédiatement.

POUDING AU PAIN ET SAUCE AU RHUM

Préparation 30 MINUTES ***Cuisson*** 2 H 30 ***Refroidissement*** 2 HEURES
Portions 6 À 8

Avec la sauce au rhum, même une recette simple et économique comme le pouding au pain peut devenir une expérience gastronomique.

Pouding au pain
4 œufs
180 ml (3/4 tasse) de cassonade
1 ml (1/4 c. à thé) de cannelle moulue (facultatif)
1 boîte de 370 ml (13 oz) de lait évaporé
250 ml (1 tasse) de crème 35 %
1,5 litre (6 tasses) de pain aux œufs rassis coupé en cubes et bien tassé
30 ml (2 c. à soupe) de raisins de Corinthe (facultatif)
45 ml (3 c. à soupe) d'amandes tranchées, grillées

Sauce au rhum
60 ml (1/4 tasse) de sucre
5 ml (1 c. à thé) de fécule de maïs
4 jaunes d'œufs
375 ml (1 1/2 tasse) de crème 15 %
15 ml (1 c. à soupe) de rhum brun

1 POUR LE POUDING AU PAIN Beurrer généreusement l'intérieur de la mijoteuse.
2 Dans la mijoteuse, mélanger les œufs, 125 ml (1/2 tasse) de cassonade et la cannelle à l'aide d'un fouet. Incorporer le lait évaporé et la crème. Ajouter le pain, les raisins et mélanger. Parsemer d'amandes et du reste de la cassonade.
3 Placer un linge propre au-dessus du récipient de la mijoteuse sans toucher la pâte et y déposer le couvercle pour le tenir en place. Cette étape empêche que de l'eau se dépose à la surface du gâteau. Cuire à basse température (*Low*) 2 h 30. Retirer le couvercle et laisser tiédir 15 minutes.
4 POUR LA SAUCE AU RHUM Entre-temps, dans une casserole, hors du feu, mélanger le sucre et la fécule. Ajouter les œufs et mélanger à l'aide d'un fouet jusqu'à ce que la préparation soit homogène. Incorporer la crème et le rhum.
5 Cuire à feu moyen à doux, en remuant constamment à la cuillère de bois ou avec une spatule, jusqu'à ce que la crème épaississe et nappe le dos de la cuillère. Passer au tamis. Transvider dans un bol et couvrir d'une pellicule de plastique directement sur la crème. Laisser tiédir. Réfrigérer jusqu'à refroidissement complet, soit environ 2 heures. Servir le pouding tiède ou froid avec la sauce.

GÂTEAU AUX POMMES ET AUX NOIX

Préparation 30 MINUTES *Cuisson* 3 HEURES *Portions* 8 À 10

Sauf exception, la cuisson des desserts de type gâteau-pouding doit se faire à température élevée (*High*). La basse température (*Low*) n'est pas suffisamment chaude pour assurer la levée adéquate du gâteau.

Garniture aux pommes
180 ml (3/4 tasse) de cassonade
15 ml (1 c. à soupe) de farine tout usage
6 pommes Cortland, pelées et tranchées finement
60 ml (1/4 tasse) de beurre non salé, fondu
60 ml (1/4 tasse) de crème 35 % ou de jus de pomme

Gâteau
375 ml (1 1/2 tasse) de farine tout usage
10 ml (2 c. à thé) de poudre à pâte
1 ml (1/4 c. à thé) de sel
125 ml (1/2 tasse) de beurre non salé, ramolli
180 ml (3/4 tasse) de cassonade
2,5 ml (1/2 c. à thé) d'extrait de vanille
2 œufs
125 ml (1/2 tasse) de lait

Garniture aux noix
30 ml (2 c. à soupe) de beurre non salé
60 ml (1/4 tasse) de cassonade
250 ml (1 tasse) de noix de Grenoble, hachées grossièrement

1 POUR LA GARNITURE AUX POMMES Beurrer l'intérieur de la mijoteuse. Ajouter la cassonade, la farine et mélanger. Ajouter le reste des ingrédients et mélanger.

2 POUR LE GÂTEAU Dans un bol, mélanger la farine, la poudre à pâte et le sel.

3 Dans un autre bol, crémer le beurre avec la cassonade et la vanille au batteur électrique. Ajouter les œufs, un à la fois, et battre jusqu'à ce que le mélange soit homogène. À basse vitesse, incorporer les ingrédients secs en alternant avec le lait. Étaler la pâte sur les pommes.

4 POUR LA GARNITURE AUX NOIX Dans une casserole ou au four à micro-ondes, faire fondre le beurre avec la cassonade. Ajouter les noix de Grenoble et bien les enrober. Répartir sur la pâte.

5 Couvrir et cuire à température élevée (*High*) 3 heures. Retirer le couvercle et laisser tiédir 15 minutes. Servir tiède ou froid avec de la crème glacée à la vanille.

POUDING AU CARAMEL *STICKY TOFFEE PUDDING*

Préparation 30 MINUTES ***Cuisson*** 3 H 15 ***Portions*** 8

Un dessert à se rouler par terre. On dépose un linge à vaisselle sec sous le couvercle de la mijoteuse pour qu'il puisse absorber le surplus de vapeur. Ainsi, le dessus du gâteau ne sera pas mouillé.

Sauce au caramel
500 ml (2 tasses) de crème 35 %
500 ml (2 tasses) de cassonade
30 ml (2 c. à soupe) de beurre non salé ou demi-sel

Gâteau
180 ml (3/4 tasse) d'eau
250 ml (1 tasse) de dattes, dénoyautées et hachées finement
5 ml (1 c. à thé) de bicarbonate de soude
500 ml (2 tasses) de farine tout usage
125 ml (1/2 tasse) de beurre non salé ou demi-sel, ramolli
125 ml (1/2 tasse) de sucre
5 ml (1 c. à thé) d'extrait de vanille
2 œufs
180 ml (3/4 tasse) de lait

1 POUR LA SAUCE AU CARAMEL Dans une casserole, porter à ébullition tous les ingrédients en remuant. Laisser réduire environ 5 minutes. Réserver.

2 POUR LE GÂTEAU Dans une casserole, porter à ébullition l'eau et les dattes. Ajouter 1 ml (1/4 c. à thé) de bicarbonate et bien mélanger. Retirer du feu et laisser tempérer.

3 Dans un bol, mélanger la farine et le reste de bicarbonate. Réserver.

4 Dans un autre bol, crémer le beurre avec le sucre et la vanille au batteur électrique. Ajouter les œufs, un à la fois, et battre jusqu'à ce que le mélange soit homogène. À basse vitesse, incorporer les ingrédients secs en alternant avec le lait, puis les dattes.

5 Répartir la pâte dans la mijoteuse. Verser la moitié de la sauce au caramel sur le gâteau. Placer un linge propre au-dessus du récipient de la mijoteuse sans toucher la pâte et y déposer le couvercle pour le tenir en place. Cuire à basse température (*Low*) 3 heures. À l'aide d'une brochette, piquer toute la surface du gâteau et y verser le reste du caramel. Poursuivre la cuisson 15 minutes à couvert. Servir chaud ou tiède.

Café

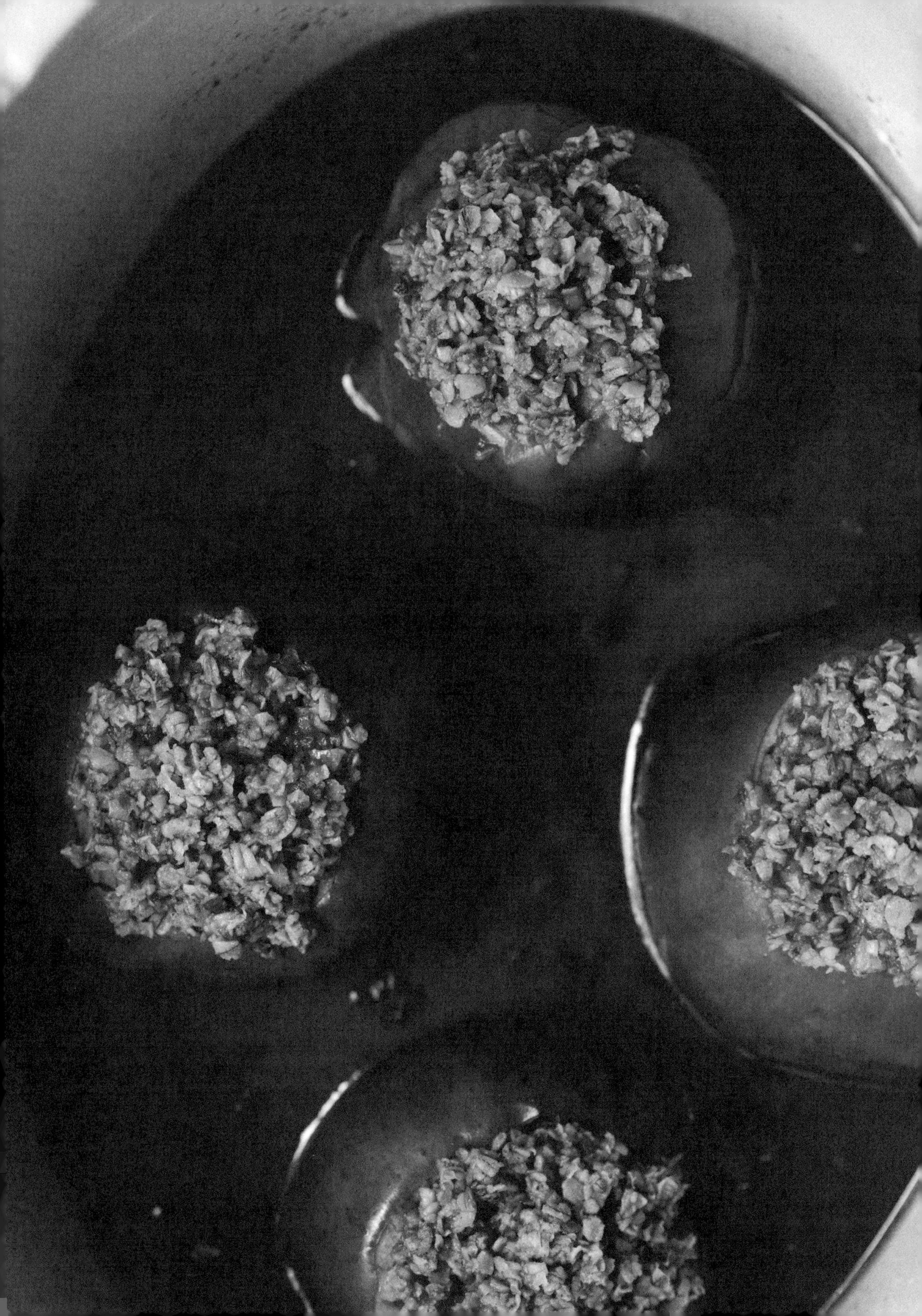

POMMES À L'ÉRABLE

WARM
MAXIMUM
1 HEURE

Préparation 15 MINUTES ***Cuisson*** 3 HEURES (*High*) OU 4 HEURES (*Low*)
Portions 4

Petit, votre mère vous faisait-elle des pommes au four à l'érable ? C'est le même principe ici, mais dans la mijoteuse. Pour qu'elles restent belles et n'éclatent pas, on fait une incision dans la peau tout autour avant de les cuire. Un bon dessert de semaine.

125 ml (1/2 tasse) de sirop d'érable
60 ml (1/4 tasse) de jus de pomme
4 pommes Cortland ou Gala entières
125 ml (1/2 tasse) de flocons d'avoine à cuisson rapide
60 ml (1/4 tasse) de sucre d'érable ou de cassonade
60 ml (1/4 tasse) de beurre non salé, ramolli
Une pincée de cannelle moulue

1 Verser le sirop d'érable et le jus de pomme au fond de la mijoteuse.
2 À l'aide d'un couteau, faire une légère incision à mi-hauteur dans la pelure sur le tour de chaque pomme pour éviter qu'elles éclatent à la cuisson. À l'aide d'une cuillère parisienne, retirer le cœur des pommes pour former une cavité d'environ 45 ml (3 c. à soupe). Réserver.
3 Dans un bol, mélanger l'avoine, le sucre d'érable, le beurre et la cannelle. Remplir la cavité de chaque pomme avec le mélange d'avoine et les déposer dans la mijoteuse.
4 Couvrir et cuire à température élevée (*High*) 3 heures ou à basse température (*Low*) 4 heures. Vérifier qu'il ne manque pas de liquide pendant la cuisson.
5 Servir les pommes avec le jus de cuisson et accompagner d'une boule de crème glacée à la vanille.

CRÈME CARAMEL

Préparation 15 MINUTES ***Cuisson*** 1 H 30 (*High*) OU 4 HEURES (*Low*) ***Portions*** 4

Ce grand classique de la cuisine française est un dessert assez facile à rater. Si une crème caramel contient des bulles d'air, c'est qu'elle est trop cuite ou que la chaleur était trop intense. La mijoteuse évite de trop la cuire et lui procure une chaleur constante. Pour une crème caramel plus gourmande, remplacez 125 ml (1/2 tasse) de lait par de la crème 35 %.

Caramel
45 ml (3 c. à soupe) d'eau
125 ml (1/2 tasse) de sucre

Flan
2 œufs
1 jaune d'œuf
60 ml (1/4 tasse) de sucre
375 ml (1 1/2 tasse) de lait
5 ml (1 c. à thé) d'extrait de vanille

1 POUR LE CARAMEL Dans une casserole, porter l'eau et le sucre à ébullition. Cuire sans remuer jusqu'à ce que le mélange prenne une couleur ambrée. Répartir dans quatre ramequins d'une contenance de 125 ml (1/2 tasse). Laisser refroidir.
2 POUR LE FLAN Tapisser le fond de la mijoteuse avec un linge propre pour empêcher les ramequins de claquer.
3 Dans un bol, fouetter les œufs avec le sucre jusqu'à ce que le mélange soit homogène. Ajouter le lait et la vanille. Répartir dans les ramequins.
4 Déposer les ramequins dans la mijoteuse. Verser de l'eau chaude jusqu'à la mi-hauteur des ramequins. Couvrir et cuire à basse température (*Low*) environ 4 h ou à température élevée (*High*) environ 1 h 30 ou jusqu'à ce que la crème soit prise, mais que le centre soit encore légèrement tremblotant.
5 Retirer les ramequins de la mijoteuse et laisser tiédir. Couvrir d'une pellicule de plastique et réfrigérer au moins 4 heures ou jusqu'à refroidissement complet.
6 Au moment de servir, passer la lame d'un couteau tout autour des ramequins, renverser et servir froid.

Les annexes

Info légumineuses

Les haricots, pois et autres légumineuses se cuisent bien à la mijoteuse. Au cours de nos essais, nous avons tenté de sauter **l'étape de trempage des légumineuses** avant la cuisson à la mijoteuse, nous disant qu'une longue cuisson à basse température suffirait. Malheureusement, dans plusieurs cas, les légumineuses manquaient de cuisson. Les trois exceptions : les lentilles, les pois cassés et les haricots noirs. **Pour toutes les autres légumineuses, choisissez l'une des deux méthodes suivantes pour le trempage avant cuisson.**

TREMPAGE TRADITIONNEL
Dans un grand bol, couvrir les légumineuses d'eau et les laisser tremper à la température de la pièce de 6 à 8 heures, ou idéalement toute une nuit. Ajouter de l'eau au besoin pour que les légumineuses soient toujours couvertes d'au moins 2,5 cm (1 po) d'eau. Égoutter et jeter l'eau de trempage.

TREMPAGE RAPIDE
Dans une casserole, couvrir les légumineuses d'eau froide, porter à ébullition et laisser mijoter 2 minutes. Retirer la casserole du feu, couvrir et laisser reposer environ 2 heures. Égoutter et jeter l'eau de trempage.

LÉGUMINEUSES	TREMPAGE	TEMPS DE CUISSON
Lentilles	non	4 heures
Pois cassés	non	6 heures
Haricots noirs	non	8 heures (10 heures pour des haricots très tendres)
Haricots rouges	oui	8 heures
Haricots blancs	oui	8 heures (10 heures pour les fèves au lard à cause du sucre)
Pois chiches	oui	8 heures

5 choses

À SAVOIR AVANT DE L'ACHETER

Après avoir acheté plusieurs modèles pour mettre au point les recettes du livre, j'en suis venu à la conclusion qu'il n'est pas simple d'acheter une bonne mijoteuse. On trouve des modèles à 39,99 $ et d'autres à 400 $, mais le prix n'est pas toujours un indice de qualité. Je ne vous recommanderai pas de marques en particulier. Vaut mieux pour cela consulter les guides de consommateurs offerts sur le marché ou un ami qui aime « sa mijoteuse ». Par contre, je peux vous donner la liste de mes critères d'achat.

1. Comme l'appareil vous servira presque pour la vie, vaut mieux prévoir toutes les situations et vous procurer une mijoteuse de bonne dimension. Une capacité de 6 *quarts* (5,6 litres) est parfaite. C'est ce que j'utilise. Et c'est avec ce format que nous avons mis au point les recettes de ce livre. On peut y cuire un jambon ou un poulet entier.

2. Choisissez une mijoteuse de forme ovale. Elle est plus pratique. Un poulet, par exemple, est plus difficile à placer dans une mijoteuse ronde.

3. Assurez-vous de pouvoir programmer le nombre d'heures qui vous convient, autant pour la température basse (*Low*) que pour la température élevée (*High*).

4. Choisissez une mijoteuse munie de la fonction « Garder au chaud » (*Warm*). Une fois le temps de cuisson terminé, la mijoteuse passera automatiquement au mode réchaud. Certaines recettes cuisent en 4 heures, par exemple, et doivent conserver les aliments au chaud jusqu'à votre arrivée à la maison quelques heures plus tard.

5. Les extras (thermomètre, double programmation) ne vous seront pas utiles et augmentent le prix d'achat. Optez pour un modèle de base programmable.

Vos recettes à la mijoteuse

Pour **adapter vos recettes ordinaires** à la mijoteuse, que ce soit votre recette d'osso buco ou le bouilli de votre grand-mère, voici quelques **règles à suivre.**

1. La recette doit être un mijoté ou un braisé avec peu de liquide.
2. Il faut diminuer les quantités de liquides d'environ la moitié puisque la mijoteuse provoque peu d'évaporation. Si vous n'avez pas suffisamment réduit les liquides et que votre mijoté ressemble à une soupe, vous pouvez retirer les morceaux, laisser le bouillon dans la mijoteuse et la repartir à température élevée. Pour une méthode plus rapide, transférez le bouillon dans une casserole et faites-le réduire jusqu'à la consistance désirée.
3. La mijoteuse doit être remplie à moitié ou aux deux tiers, pas plus, pas moins. Trop plein, l'appareil met trop de temps pour réchauffer le contenu. S'il est au contraire trop peu rempli, vous devrez vérifier la cuisson régulièrement pour éviter de trop cuire les aliments.
4. Trouvez dans mon livre une recette qui ressemble à celle que vous souhaitez préparer pour vous guider sur le temps de cuisson. La plupart des recettes qui contiennent de la viande et des légumes prennent entre 6 et 8 heures à cuire à basse température (*Low*).

mijote... mijo
ijote... mijote... m
mijote... mijote
mijo

MERCI... MERCI... MERCI... MERCI... MERCI...

Ce livre, c'est Brigitte qui l'a d'abord senti. Elle a compris à quel point tout le monde court et cherche à s'organiser le mieux possible pour manger en famille. Et cuisiner à la mijoteuse est une des solutions pour y arriver. Merci pour tous nos soupers en famille.

La production d'un livre de cuisine est toujours l'œuvre de plusieurs personnes. Je travaille avec la même superbe équipe depuis des années. En cuisine, je remercie Nataly, Étienne, Danielle et finalement Kareen, qui a tenu ce projet à bout de bras. Merci d'y avoir cru dès le départ.

La différence entre un simple manuscrit (du texte écrit sur des feuilles blanches) et un livre achevé, est le travail réalisé par l'équipe de création artistique. Cette équipe a été magnifiquement dirigée par Sonia Bluteau. Ton idée d'accrocher la mijoteuse à un érable m'a fait éclater de rire. J'aime ta folie qui est toujours de bon goût. Merci à Christian Lacroix, fidèle ami depuis 10 ans. Derrière ton objectif, avec la complicité de Anne et Sylvain, même une mijoteuse a de la personnalité. Merci Geneviève, la mise en page est réussie et soignée grâce à toi. Et Rodolphe, bravo pour tes illustrations. Chacune d'elles m'a bien fait rire.

Merci à Caroline Jamet et à Martine Pelletier des Éditions La Presse pour votre patience et votre confiance indéfectible.

Merci à tous mes goûteurs à la maison comme au bureau.

Et merci à vous, chères lectrices et chers lecteurs qui «mangez du Ricardo». Grâce à vous, je reste bien ancré en me rappelant toujours que le plus important, ce n'est pas la recette, mais bien les gens avec qui on la mange.

oulet +++ Brownies +++ Burgers d'effiloché de porc barbecue +++ Carbona
amande +++ Cari de tofu et de légumes +++ Carottes braisées +++ Ch
e porc +++ Chou «farci» étagé +++ «Confiture» de fraise +++ «Confitur
e mangues +++ «Confiture» fraise et rhubarbe +++ Coq au vin +++ Cô
vées +++ Couscous de légumes et pois chiches +++ Crè
rûlée +++ Crème caramel +++ Effiloché de porc barbecue – *pull*
ork +++ Fèves au lard +++ Gâteau au fromage +++ Gâteau aux pomm
aux noix +++ Goulash +++ Gratin dauphinois +++ Haricots rouges à
maïcaine +++ Jambon à l'érable et à la bière +++ Jarrets d'agneau a
runeaux +++ Joues de veau aux figues +++ Lapin braisé au vin rouge
la pancetta +++ Lasagne +++ Mijoté de bœuf aux carottes +++ Nava
agneau +++ Omelette soufflée +++ Osso buco +++ Pain de viande +++ Poitri
e dinde à l'orange et au miel +++ Pommes à l'érable +++ Porc brai
l'érable, panais et pommes de terre +++ Porc saté +++ Potage à
ourge butternut à l'érable +++ Pouding au caramel +++ Pouding
hocolat +++ Pouding au citron +++ Pouding au pain et sauce
um +++ Pouding chômeur au sirop d'érable +++ Poulet à l'ananas +++ Pou
acciatore +++ Poulet entier +++ Quesadillas de haricots noirs +++ Ragoût
ntilles et œufs pochés +++ Ratatouille du potager +++ Rouille +++ Rou
e bavette à la lime +++ Riz au lait +++ Salade de betteraves braisée
range +++ Sauce à spaghetti végé +++ Sauce bolognaise +++ Saum
apeur au fenouil +++ Soupe aux légumes +++ Soupe aux pois +++ Sou
ahl +++ Soupe de bœuf et pois chiches +++ Soupe de fruits de m
de poisson aux herbes fraîches +++ Strata de tomates séchées a
ives +++ Tacos de porc à la salsa verde +++ Tagine de poulet aux dattes
u citron +++ Trempette au fromage bleu +++ Ailes de poulet au miel +++ Bo
roganov +++ Bœuf teriyaki +++ Bouillon de poulet +++ Brownies +++ Burge
effiloché de porc barbecue +++ Carbonade flamande +++ Cari de to
de légumes +++ Carottes braisées +++ Chili de porc +++ Chou «farc
agé +++ «Confiture» de fraise +++ «Confiture» de mangues +++ «Confitur
aise et rhubarbe +++ Coq au vin +++ Côtes levées +++ Couscous
gumes et pois chiches +++ Crème brûlée +++ Crème caramel +++ Effiloc
e porc barbecue – *pulled pork* +++ Fèves au lard +++ Gâteau
omage +++ Gâteau aux pommes et aux noix +++ Goulash +++ Gra
auphinois +++ Haricots rouges à la jamaïcaine +++ Jambon à l'érab
à la bière +++ Jarrets d'agneau aux pruneaux +++ Joues de veau a
gues +++ Lapin braisé au vin rouge et à la pancetta +++ Lasagne +++ Mijo
e bœuf aux carottes +++ Navarin d'agneau +++ Omelette soufflée +++ Os
uco +++ Pain de viande +++ Poitrine de dinde à l'orange et
iel +++ Pommes à l'érable +++ Porc braisé à l'érable, panais et pommes
rre +++ Porc saté +++ Potage à la courge butternut à l'érable +++ Poudi
u caramel +++ Pouding au chocolat +++ Pouding au citron +++ Pouding
ain et sauce au rhum +++ Pouding chômeur au sirop d'érable +++ Pou
l'ananas +++ Poulet cacciatore +++ Poulet entier +++ Quesadillas
aricots noirs +++ Ragoût de lentilles et œufs pochés +++ Ratatoui
u potager +++ Rouille +++ Roulés de bavette à la lime +++ Riz
it +++ Salade de betteraves braisées à l'orange +++ Sauce à spaghe
égé +++ Sauce bolognaise +++ Saumon vapeur au fenouil +++ Sou

PAR CATÉGORIES

Entrées et hors-d'œuvre

Soupes et potages

Légumes et accompagnements

Sauces

Plats principaux

AGNEAU

BŒUF

PAR CATÉGORIES

Plats principaux (suite)

VÉGÉTARIEN

VOLAILLE

Desserts

oulet +++ Brownies +++ Burgers d'effiloché de porc barbecue +++ Carbona
amande +++ Cari de tofu et de légumes +++ Carottes braisées +++ Ch
porc +++ Chou «farci» étagé +++ «Confiture» de fraise +++ «Confitur
mangues +++ «Confiture» fraise et rhubarbe +++ Coq au vin +++ Côt
vées +++ Couscous de légumes et pois chiches +++ Crèm
ûlée +++ Crème caramel +++ Effiloché de porc barbecue – *pull*
ork +++ Fèves au lard +++ Gâteau au fromage +++ Gâteau aux pomm
aux noix +++ Goulash +++ Gratin dauphinois +++ Haricots rouges à
maïcaine +++ Jambon à l'érable et à la bière +++ Jarrets d'agneau a
uneaux +++ Joues de veau aux figues +++ Lapin braisé au vin rouge
la pancetta +++ Lasagne +++ Mijoté de bœuf aux carottes +++ Nava
agneau +++ Omelette soufflée +++ Osso buco +++ Pain de viande +++ Poitri
dinde à l'orange et au miel +++ Pommes à l'érable +++ Porc brai
l'érable, panais et pommes de terre +++ Porc saté +++ Potage à
urge butternut à l'érable +++ Pouding au caramel +++ Pouding
ocolat +++ Pouding au citron +++ Pouding au pain et sauce
um +++ Pouding chômeur au sirop d'érable +++ Poulet à l'ananas +++ Pou
cciatore +++ Poulet entier +++ Quesadillas de haricots noirs +++ Ragoût
ntilles et œufs pochés +++ Ratatouille du potager +++ Rouille +++ Roul
bavette à la lime +++ Riz au lait +++ Salade de betteraves braisées
range +++ Sauce à spaghetti végé +++ Sauce bolognaise +++ Saum
peur au fenouil +++ Soupe aux légumes +++ Soupe aux pois +++ Sou
uhl +++ Soupe de bœuf et pois chiches +++ Soupe de fruits de m
de poisson aux herbes fraîches +++ Strata de tomates séchées a
ves +++ Tacos de porc à la salsa verde +++ Tagine de poulet aux dattes
citron +++ Trempette au fromage bleu +++ Ailes de poulet au miel +++ Bœ
oganov +++ Bœuf teriyaki +++ Bouillon de poulet +++ Brownies +++ Burge
effiloché de porc barbecue +++ Carbonade flamande +++ Cari de to
de légumes +++ Carottes braisées +++ Chili de porc +++ Chou «farc
agé +++ «Confiture» de fraise +++ «Confiture» de mangues +++ «Confitur
aise et rhubarbe +++ Coq au vin +++ Côtes levées +++ Couscous
gumes et pois chiches +++ Crème brûlée +++ Crème caramel +++ Effiloc
porc barbecue – *pulled pork* +++ Fèves au lard +++ Gâteau
omage +++ Gâteau aux pommes et aux noix +++ Goulash +++ Grat
uphinois +++ Haricots rouges à la jamaïcaine +++ Jambon à l'érab
à la bière +++ Jarrets d'agneau aux pruneaux +++ Joues de veau a
ues +++ Lapin braisé au vin rouge et à la pancetta +++ Lasagne +++ Mijo
bœuf aux carottes +++ Navarin d'agneau +++ Omelette soufflée +++ Os
co +++ Pain de viande +++ Poitrine de dinde à l'orange et
el +++ Pommes à l'érable +++ Porc braisé à l'érable, panais et pommes
re +++ Porc saté +++ Potage à la courge butternut à l'érable +++ Poudi
caramel +++ Pouding au chocolat +++ Pouding au citron +++ Pouding
in et sauce au rhum +++ Pouding chômeur au sirop d'érable +++ Pou
l'ananas +++ Poulet cacciatore +++ Poulet entier +++ Quesadillas
ricots noirs +++ Ragoût de lentilles et œufs pochés +++ Ratatouil
potager +++ Rouille +++ Roulés de bavette à la lime +++ Riz
t +++ Salade de betteraves braisées à l'orange +++ Sauce à spaghe
gé +++ Sauce bolognaise +++ Saumon vapeur au fenouil +++ Soupe a

index
PAR CHAPITRES

La mijoteuse de tous les jours

La mijoteuse même l'été

index

PAR CHAPITRES

La mijoteuse pour recevoir

La mijoteuse à la cabane à sucre

La mijoteuse végétarienne

La mijoteuse pour les desserts